朝日新書
Asahi Shinsho 809

正義の政治経済学

水野和夫　　古川元久

朝日新聞出版

はじめに――暴走する資本主義・民主主義

古川元久

八年前、私は水野和夫さんとともに『新・資本主義宣言』という本をまとめました。その冒頭に私は以下のように記しました。

*

資本主義は最悪の経済体制である。ただし、これまでに試みられてきたあらゆる経済体制を除けば。

「資本主義とは何か」と問われれば、私はイギリスのチャーチル元首相が民主主義について述べた「民主主義は最悪の政治体制である。ただし、これまでに試みられてきたあらゆる政治体制を除けば」という言葉をもじって右のようにいうことができるのではないかと思います。資本主義も民主主義と同じようにさまざまな問題を抱えてはいるけれども、それに代わるより好ましい経済体制はこれまでのところ存在しないのです。

いまや世界を見渡すと北朝鮮などごく少数の国を除いて資本主義を標榜しない国はないといっていいほど、資本主義は世界に広まっています。とくに一九八九年の東西冷戦の終結以降のグローバル化の流れの中で、資本主義は世界の隅々まで広がっています。

しかし同時にそれに伴うさまざまな弊害も噴出しています。極端な富の偏在や格差拡大、そして実体経済の規模をはるかに超える金融経済の膨張、それがもたらすバブルとその崩壊による経済の混乱。資本主義によって世界の経済は冷戦時より不安定で脆弱になっています。

冷戦が終結した際、世界中の多くの人はこれを「社会主義に対する資本主義の勝利である」と理解しました。だからこそその後、資本主義は瞬く間に世界中に広がっていったともいえます。しかし資本主義が引き起こしているさまざまな弊害のことを考えると、冷戦の崩壊は「社会主義に対する資本主義の勝利」ではなく、実は「資本主義が内在する問題を解決する手段として社会主義は有効ではなかった」ということに過ぎなかったということができます。

いま次第にそのことに多くの人が気づき始めています。とはいうものの、資本主義に代わる、より良い経済体制は他に見当たりません。だからこそ世界中で「新しい資本主義」が問われ始めているのです。

この「新しい資本主義」を考える上で、実は日本は世界に大きな貢献ができるのです。なぜならもともとあった、日本人のビジネスに対する考え方の中に、これからの資本主義のあり方を考える上で重要な点がいくつも含まれているからです。

たとえば私は二〇〇八年のダボス会議でビル・ゲイツ氏が行った「創造的資本主義」に関するスピーチを聞きましたが、その際、すぐに頭に浮かんだのは近江商人の「三方よし」という考え方でした。「商いを成功させるためには、『売り手よし、買い手よし、世間よし』でなければならない」という「三方よし」の考え方は、ビル・ゲイツ氏の主張する「資本主義はその仕組みの中に資本主義がもたらす弊害を解消する仕組みを組み込んだものに進化しなければならない」とする「創造的資本主義」の考え方と軌を一にしています。

日本のビジネスの源流ともいえる近江商人の「三方よし」という考え方。私たちの先人は、資本主義に接する前から新しい資本主義に必要な思想を持ってビジネスを行なってきたのです。

これは近江商人の「三方よし」に限られません。「倹約」と「正直」を説いた石田梅岩しかり。「右手に算盤、左手に論語」を説いた渋沢栄一しかり。

ところがいつの間にか私たち日本人自身がこうした先人たちの教えを忘れつつあります。私たちはいまこそ「温故知新」の精神で先人たちの教えをもう一度思い出し、それをベースに世界に先駆けて日本において「新しい資本主義」のかたちを示し、それを日本から世界へと発信していくべきです。

＊

あれから八年。この間、たとえば「公益資本主義」という言葉が広く使われるようになるなど、「新しい資本主義」が必要であるという認識は社会で広く共有されるようになりました。しかしそれが実際にどこまで実行に移されるようになったかといえば、残念ながらほとんど進んでいません。多くの人が「このままの資本主義ではいけない。なんとかしなければならない」と思うまでのところにとどまっているのが現状です。

この間にもさらに富の偏在や格差の拡大は進み、金融経済はあいかわらず膨らみ続け、かつてない規模にまでなっています。しかも新型コロナウイルスの世界的感染拡大が、こうした傾向にさらに拍車をかけることになりました。

経済活動の停滞による暮らしへの影響は、どの国でも経済的に弱い立場にある人たちにより厳しく及んでいます。一方で、このコロナ危機に対応すべく各国政府が採用した金融緩和政策によって、実体経済は非常に悪いのに株式市場は歴史的な高値をつける、いわば〝コロナバブル〟とでもいうべき活況を呈し、これによって富める者はさらに富を増やしています。コロナ下においても格差拡大は止まらないどころか、さらに進んでいるのです。

こうした富の集中や格差の拡大は、各国において社会の中に亀裂や分断を生じさせつつあります。そしてそれに対して有効な解決策を示すことのできない政治に対して、大衆の不満や不信が高まっています。同時にまたそうした亀裂や分断を逆に煽ることで勢力を伸ばそうとする政治勢力が世界各国で台頭しはじめています。民主主義を標榜する国々で、選挙でポピュリストや権威主義的なリーダーが民主的に選ばれ、〝民主主義の危機〟が叫ばれるようになっています。いまや資本主義だけでなく、民主主義も機能不全に陥りはじめているのです。

　こうした状況は、あたかも、本来、私たちの体を守るために働く免疫機能が暴走して自分の体を攻撃するサイトカインストームに、私たちの社会は侵《おか》されているかのようです。このままの状況が続いていくと、これまで私たちの暮らしを豊かにし、人々を幸せにするために必要な基盤であると信じられ、採用されてきた資本主義と民主主義が、逆に私たちの暮らしを破壊し、人々を不幸に陥れることになりかねません。なんとかして資本主義と民主主義の〝暴走〟をくい止めなければなりません。

　本書はこうした問題意識に立って、歴史を振り返りながら、どうしたら資本主義や民主主義の暴走をくい止めることができるか、語り合ったものです。

足るを知る

　二十年ほど前に京都の龍安寺《りょうあんじ》を訪れたときのことです。裏庭にある外側が丸くて真ん中が四角で水を貯める鉢になっており、それを「口」に見立てて上から時計回りに読むと「吾唯足知（われ、ただ、足るを知る）」と読めるつくばいが目に留まりました。そのつくばいを見た瞬間、私の頭にあるインスピレーションが湧きました。

古来、中国では丸は「天」を表し、四角は「地」を表すと言われています。このつくばいの図柄にある、丸と四角の間にある空間、これは天と地の間にある私たちが生きる社会を意味しています。そこに調和のとれた形で組み込まれた「吾唯足知」の文字。これは、私たちの社会が調和のとれた安定した社会になるためには〝足るを知る〟ことが必要であることを示唆している。私はそう感じたのです。

それでは「足るを知る」とはどういうことでしょうか。

私たちは一人では生きてはいけません。他者の存在があって初めて生きていくことができます。つまり私たちは、社会の中で生かされている存在なのです。そのことを理解し、それに対して感謝の念を持ち、他の人に対して思いやりの気持ちを持つこと。私はそれが「足るを知る」ことだと考えています。

別の言い方で説明すれば「足るを知る」とは「何事も自分一人で独り占めするのではなく、他の人と分かち合うこと」とでも言ったらいいでしょうか。

この「分かち合い」はいまこの時を共に生きる人との間での分かち合いにとどまりませ

ん。前の世代や次の世代との、世代を超えた分かち合いをも意味します。なぜならいまを生きる私たちは、前の世代からこの社会のバトンを譲り受け、また次の世代へとバトンを譲り渡していく責任を負っている存在だからです。

こうしたインスピレーションが湧いて以来、私は誰もが「足るを知る」社会になれば、それが真の共生社会の実現につながると考え、一人でも多くの人が「足るを知る」ことの大切さに気づいて欲しいと思い、機会ある度にその重要性を訴えてきました。

実は資本主義も民主主義も、誰もがこうした「足るを知る」心を持っていれば暴走することなく、うまく機能するはずだと思うのです。ところがいま、資本主義や民主主義が暴走しているのは、そのシステムを利用している私たちの多くが「足るを知る」こととは対極に位置する、「自分さえ良ければいい」、「いまだけ良ければいい」という心持ちになってしまっているからではないでしょうか。

だからこそ私はあらためていま「足るを知る」ことの必要性を、さらに声を大にして訴えなければならないと考えています。

故郷（ふるさと）に帰ろう

兎追いしかの山　小鮒釣りしかの川
夢は今もめぐりて　忘れがたき故郷
如何にいます父母　恙《つつが》なしや友がき
雨に風につけても　思いいずる故郷
こころざしを果たして　いつの日にか帰らん
山は青き故郷　水は清き故郷

誰もが知っている文部省唱歌「故郷」の歌詞です。

この歌を聴くと、日本人であれば誰でも、どこで生まれ育とうとも、脳裏に浮かぶのは「遠くには青々とした山々があり、清らかな川が流れ、そして水が張った田んぼに伸びた稲穂が風に揺れている」そんな風景ではないでしょうか。私はこれこそ日本の原風景であり、日本人の心の中にある「故郷」の姿だと思います。だからこそ都会で生まれ育った人でも、こうした風景が広がるところに行きたいと思い、また実際にそういうところに行くと心が癒やされるのだと思います。

明治以降、私たちの先人の多くはこうした「故郷」から都会へと出てきて、日本の近代化を成し遂げました。見事にこころざしをはたしたのです。本来ならば故郷に帰るべきところです。ところがほとんどの人が故郷には帰らずに、そのまま都会での生活を続けてきました。その結果が、都市部への人口集中が進み、富の偏在と格差拡大が進み、人々のつながりは希薄となり、社会の分断が進む、いまの私たちの社会です。私たちの先人はこんな社会をつくりたいと夢みて、故郷から都会へと出てきたのでしょうか。そうではないはずです。

一方で故郷の現状は、人口減少と高齢化が進み、山は荒れ、耕作放棄地が増え、廃れつつあります。このままだといざ帰ろうと思っても、もうそこには帰るべき故郷はなくなってしまって帰れない。そんな状況に陥るのは、それほど遠い将来のことではありません。はたしてそれでいいのでしょうか。

ロシアの有名な詩人、セルゲイ・エセーニンの「天国はいらない、故郷がほしい」という言葉があります。この言葉は「故郷は天国よりも大事なもの」であることを意味しています。私はこれは大袈裟でもなんでもなく、真実だと思います。

「我々はどこから来たのか、我々は何者か、我々はどこへ行くのか」というタイトルのポール・ゴーギャンの有名な絵がありますが、故郷は私たちの来し方です。来し方があってこそ、いまがあり、自分があり、そして未来があります。私にはその来し方を私たちがないがしろにしてきたことが、「世代を超えて分かち合う」という「足るを知る」気持ちを失わせ、それが資本主義や民主主義の暴走を許す一因になったように思えます。

それゆえここはもう一度、私たちの来し方である故郷に目を向け、故郷がこれ以上荒廃しないように努力することが、私たちに「足るを知る」気持ちが芽生えるきっかけになるのではないでしょうか。

いまこそ「故郷に帰る」ときです。

二〇二一年一月

正義の政治経済学　目次

第一章　歴史から問い直す

愚者は経験から学び、賢者は歴史から学ぶ

古川　２０１３年に『新・資本主義宣言』（毎日新聞出版）を共著で出版して以来、水野さんとは久方ぶりにお話しします。早いものであれからもう8年。資本主義について異ジャンルの方々と議論したのが、つい先日のようです。

水野　あの時は、本当に多様な方々に集まっていただきましたよね。経済学者の中谷巌さん、実業家の川上量生さん、社会学者の山田昌弘さん、医師の永田良一さん、実業家の渋澤健さん、俳人の黛まどかさん、そして経営学者の田坂広志さんたちです。

古川　今にして思うと、当時はまだタイミングが少し早かったかな、と感じますが、幸か不幸か時代が追いついてきた感がありますね。

リーマン・ショックや東日本大震災を経て、資本主義のほころびが見え始めていたところに、トランプ米大統領の登場、そして２０２０年の新型コロナウイルスの世界的蔓延《まんえん》です。当時のテーマはより切実なものになってきています。

水野　貧富の差、自然環境の破壊、グローバリゼーションの限界、政治の不安定……。も

はやあらゆる問題は「待ったなし」の状況です。

古川　今回は改めて、私たちの生活を築き上げてきた資本主義や民主主義を見つめ直し、これからの日本が歩むべき道を、模索していきたいと考えています。

大災害などが起きると、私たちはつい「未曽有の出来事」などと表現しますよね。でも私たち人類は、これまでの長い歴史の中で、必ず似たようなことを何度も経験してきているはずなんです。それをまずはおさらいしないと、始まらないと思うんですが。

水野　賛成です。まずは歴史をひもとき、過去に人々が学んだことを知る。その先にこそ、私たちの将来像が浮かんでくるのではないでしょうか。

古川　「愚者は経験から学び、賢者は歴史から学ぶ」。19世紀プロイセンの首相、ビスマルクの箴言《しんげん》です。彼のこの言葉は、なかなか含蓄があって好きなんです。

水野　個人的な体験から学ぶのには限界がありますからね。東日本大震災も、新型コロナウイルスも、私たちにとっては青天の霹靂《へきれき》ですが、ちゃんと書物をひもとけば、今から100年ほど前の1923年には、関東大震災がありました。スペイン風邪の世界的大流行もあったわけです。

今起きていることは、１００年単位の「異常事態」ではなく、１０００年単位で考えたほうがいいと思っています。今回の新型コロナは、14世紀にヨーロッパを襲ったペスト（黒死病）と比較すべきだと思います。当時、ヨーロッパの人々は「これぞ世の終わり」だと恐怖を感じました。これを21世紀の現在の言葉に翻訳すれば、**「これぞメガロポリス文明の終わり」**と言うことができます。

ですから本当の意味で、人類が「経験したことのない」災害や出来事などは、もしかしたら地球が消滅しない限り、この世にはないのかもしれません。

古川　なるほど。同時に私は、世の中が変化する一つの周期は、短いものでだいたい30年程度ではないかと考えています。30年というのは一世代分です。

人は自分たちの愚行をどんなによく覚えておこうと思っていても、30年ぐらい経つと社会としての記憶は失われてしまう。それはなぜかというと、当事者は覚えていても、30年も経つと世の中の中心となる世代が代わり、それを体験していない次の世代には記憶が継承されていかないからだと思うんです。だからその時にはもうこりごりだと思っても、また同じ轍《てつ》を踏んでしまう……。例えば歴史を振り返ると、バブルも何度も起きては弾けて

RUNAWAYS FLEEING FROM THE PLAGUE
14世紀のペスト大流行期、欧州の街から逃れる人々を描いた絵「Runaways Fleeing from The Plague」(ウェルカム・コレクション)。

います。

水野　確かに、太平洋戦争の時代を生きた当事者と、戦後に生まれた子どもとでは、〈戦争〉に対する意識は異なります。戦火を逃げ惑った人と、体験談を聞いただけの世代では。ましてやその孫ともなれば、〈戦争〉=〈教科書に載っている歴史〉にしか過ぎません。

古川　歴史の教科書を眺めていると、人類はよく飽きもせず同じようなことを繰り返すものだとなかば呆《あき》れることもありますが、たぶん仕方ないんですよね。当事者にとっては、常に「新しい事態」に対処しているだけだから。こうした同じようなことを繰り返していることについて、経営学者の田坂広志さんは、「歴史はらせん階段のようだ」と、述べています。

水野　ええ。らせん階段は、上から眺めると、同じところをグルグル回っているように見えるけど、横から見れば少しずつ上昇している。田坂さんはそれを人類史にたとえているわけですね。ただし精神面では、人間は、そのらせん階段を下っているようにしか見えません。

古川　人類の進化って、一直線に前進しているようなイメージがありますけど、実はそれほどシンプルなものではないのだと思います。新しい時代を迎えても、以前と同じような間違いを起こすし、同じような危機も起こる。

ただ大事なポイントは、まったく同じことが繰り返されるわけではないということです。田坂さんは「古いものが、その時代に合わせた新しい装いをまとって登場してくる」と表現していますが、同じようなことが名前や形を変えて起きるのです。

例えば、近年盛んに唱え続けられてきた〈グローバリゼーション〉。これも歴史を振り返ると、実は１００年前に謳われた〈インターナショナリゼーション〉の焼き直しだともいえるんですね。

水野　もともと、グローバリゼーションが13世紀以降に登場し、国民国家の時代になってからインターナショナリゼーションの概念が出てきました。１９８０年代以降のグローバリゼーションは、「中世の帝国の時代への先祖返り」と解釈するのがいいと思います。そう考えれば、**今は、国民国家の危機でもある**のです。

古川　『八月の砲声』（バーバラ・W・タックマン著／山室まりや訳／ちくま学芸文庫）という本があります。第一次世界大戦は、1914年にサラエボを訪問中のオーストリア皇太子夫妻が暗殺されたことがきっかけで勃発しますが、そこに至るまでの経緯が詳細に記されています。

これを読むと、当時のヨーロッパがいかに〝国際化〟していたかがよく分かりますよ。各王室は国をまたいで婚姻を繰り返していたので、各国の王族同士はみな、姻戚関係にあった。また、国を超えた貿易も盛んで、20世紀の幕開けは、実は平和共存を謳歌する雰囲気に満ちていたというのです。

水野　当時のように、国家間の相互依存度が過度に高まると、もはや戦争になったとしても、

『八月の砲声』〈上・下〉2004年
原書『The Guns of August』は1962年１月に刊行され、翌1963年５月に歴史部門でピュリツァー賞を受賞。日本版は1980年筑摩書房から刊行。

どの国も利益を授かることができません。「戦争はもうしないというよりも、「できない」。そんな奇妙な安心感が、当時のヨーロッパ全体を覆っていたといえます。瞬間的な政治的緊張はあったとしても、本格的な戦争はもう二度と起こらない。そう誰もが思っていたはずです。

古川　オーストリア＝ハンガリー帝国がサラエボ王国に宣戦布告をした時も、そこまで深刻に事態を捉えていた人はいなかったはずです。「こんなものは一、二週間ですぐ終わるはず」とみなタカをくくっていたと聞きます。

水野　「クリスマスまでには帰ってこられるから」――。そう言って兵士たちも出兵していったといいますよね。

古川　ところが、みなの予想に反して、大戦争に発展してしまった……。

こうした状況って、今の世界の状況とちょっと似ていませんか。婚姻関係による結びつきこそありませんが、「もはやここで戦争をしても誰も得をしない」というくらい、世界各国の相互依存関係が高まっているという意味では、現在の世界は当時とよく似ています。どんなに政治的駆け引きを繰り返しても、戦争にまで発展すれば「誰も得をしない」。

だから戦争なんて起きないだろう。そうした認識を今、緊張関係が高まりつつあるアメリカと中国にしろ、あるいはロシアや北朝鮮にしろ、どこか根底のところでは持っているのではないでしょうか。

しかし、100年前のヨーロッパでは実際に戦争が起きてしまった。それもアジアやアメリカまでも巻き込んでの世界大戦に発展してしまった。それが歴史的な事実なのです。

水野　歴史の因果関係は予測がつかないものです。結局、第一次世界大戦を経てヨーロッパは焦土と化しました。それがアメリカ台頭のきっかけにもなったのですから。

古川　この『八月の砲声』を勧めてくださった元東大総長の佐々木毅先生がおっしゃっていました。

「歴史上、多くの戦争が起きてきたが、『戦争を起こそう』と意図して起きたケースは非常に少ない。ほとんどの戦争は最初のきっかけは単なる偶発的な事件。それがあれよあれよという間に戦争になっていってしまったケースが、ほとんどだ」と。

テクノロジーの進化による〈退化〉

水野　私の感覚では、人類は〈進歩〉しているより、〈退化〉のイメージが強いんです。なぜかといえば、古代ローマ帝国とそれを受け継いだキリスト教は、どちらも「世界帝国」を理想とする考え方を持っています。世界統一が平和をもたらすと考え、「平和のための戦争」が正当化されるのです。

この理念に技術が加わるとどうなるか。カール・シュミットは神に代わって「技術進歩教」が登場したと指摘しています。この新たな宗教が戦争をより悲惨なものにし、経済も技術で成長できると信じさせるに至って、現在の世界的な気候変動を招く結果になったと思います。

もちろん、科学技術の分野では、人類の〈進歩〉は目覚ましいですよ。だけど、モラルや倫理面を考えると、実はまったく〈進歩〉していない。むしろ、貧弱なモラルを抱えたまま、テクノロジーだけが進歩している現状は、総合的に俯瞰《ふかん》すると〈退化〉に向かっているのではないかと思うんです。

古川　なるほど。そういう見方もあるかもしれません。

水野　例えば、ヨーロッパでは400年前に宗教戦争がありましたよね。1618年から断続的に戦争し続けた30年戦争です。同じキリスト教者が、カトリックとプロテスタントに分かれ、「お互い殲滅《せんめつ》するまで」とばかりに戦い続けました。

その結果、どうなったか。意地の張り合いの結果、参加国のほとんどが破産状態になりました。人口は激減し、残された人々も疲弊しきって、これ以上は無理というところで、ようやくウェストファリア条約（1648年）という妥協の産物が生まれましたよね。

では、あれから400年経って、私たちは賢くなったでしょうか。その後も二度の大戦を経て、誰もが「戦争などこりごり」と思い知ったはずなのに、今もまた、今度はキリスト教とイスラム教が「互いに殲滅させるまで」とやりあっている。

古川　同じキリスト教徒同士が争うか、違う宗教同士が争うか。違いはあれど、根っこは一緒ですよね。自分たちと異なる考え方や価値観を受け入れようとしない、だからそういう相手は抹殺してもいい、となるのです。

水野　違う点があるとすれば、テクノロジーです。400年前の人々は、刀や銃で武装して戦っていましたが、今はどうでしょう。爆弾を飛行機に載せて、相手国のビルに突っ込んだり、自国にいながら、遠く離れた国の街に爆弾を落としたり。暴走したモラルに、発展したテクノロジー。これは時に最悪の結果をもたらします。

古川　テクノロジーが進歩した分、事態はより悪化しているのは明らかです。同じ〈戦争〉でも、弓や刀で戦った時代と、原子爆弾を手にした現在とでは、破壊のレベルがまったく違いますから。

今の話で思い出したんですが、昔読んで面白かった本があるんです。『ミュータント・メッセージ』（マルロ・モーガン著／小沢瑞穂訳／角川文庫）という本ですが、ご存じでしょうか。アメリカ人ジャーナリストが、オーストラリアの先住民アボリジニと生活を共にした記録です。

彼女によると、アボリジニは裸眼で何キロも先が見えたり、遠く離れていてもテレパシーみたいなもので通じ合えたりするそうなんです。私なんかからすると、「どこまで本当かな……」とちょっと疑ってしまう面もあるんですが、面白いと感じた部分がいくつもあるんです。例えば、彼らが「もともと人間にはみなそういう能力が備わっていたのに、文明を築く過程で、自ら失っていった」と書かれているところなどです。

水野　本来なら私たちにも、そういう超自然的な能力があるはずだということですか。それは面白いですね。端的にいえば、そうした能力は五感の領域だと思います。近代社会になって科学を重視するあまり、五感をおろそかにしてきたのが近代人です。その結果、16世紀の人たちが持っていたイマジネーション（今でいう想像力ではなく、当時の人たちの心像〈ファンタズマ〉を形成する知覚機能）がまったく欠けて、真理が見えない状態にいます。本来、思想家のディドロがいうように、科学とイマジネーションの両方からアプローチしていかないと真理には到達できません。

オンライン授業についても、教員は無機質なPCのディスプレイに「面と向かって」講義していたのでは、教員と学生の間で五感を刺激し合うことができません。

古川　そうなんです。本来なら人間は誰しも生きるために必要ならば、遠くまで見ることができるはずだし、しゃべらなくても意思を伝えることができるはず。それなのに、**私たち文明人は電話がないとコミュニケーションもできないような存在になり果てた**のだ、と。

最後にアボリジニの長老の言葉があり、これがまた秀逸なんです。

「自分たちはこのまま滅びていくかもしれない。でも自分たちが滅びる時には、お前たちも一緒に滅びるんだよ。自分たちだけが滅びてお前たちが生き残るっていうわけじゃない。われわれが滅びる時は、お前たちも滅びる時だ」

ズシンと心に響きませんか。

どんなに高度な文明を持ち、洗練された生活を送っているつもりでも、アボリジニの人々と私たちは同じ人間です。余計なものを取り去ったら、人間は大昔から何も変わっていない。そんな強烈なメッセージです。これは、水野さんの〈退化〉の話と通じるところがありませんか。

水野　あるかもしれません。私たちは人として進化してきたつもりだけど、その核の部分は、実はほとんど変わっていない。むしろ余計なものばかり身に着けて、人として大切なものを置き去りにしてきた可能性すらあるわけですね。

水野　人間が本質的に〈進歩〉していないと感じるのは、昨今の資本の暴走について考える時に、より強く実感できます。

古来、多くの人々が警鐘を鳴らしてきましたよね。**「資本は暴走するものだから、どこかでブレーキをかけなくてはいけない」**と。

アダム・スミスしかり、マルクスしかり、ケインズしかり、ディドロやトマス・アクィナスしかり。本来は人を豊かにするはずの〈資本〉が、時に貧富の差を生み、暴走してしまう。それを防ぐための方法を多くの人が考えてきました。

ところが「新自由主義経済」が主流になった1970年あたりからでしょうか。先人たちの警告が忘れ去られ、再び資本の暴走が始まってしまいました。「市場が倫理だ」「市場で決める価値が倫理である」という説がまかり通るようになってしまった。

古川　行き過ぎた〈自由〉は、苛烈な競争を生み、そこから脱落する人々を、大勢出してしまいましたね。

水野　現在、世界の最富裕層（ビリオネア）は、たったの2189人です。

しかもその総資産額は、今夏、過去最高の10兆2000億ドル（約1081兆2300

母を謀殺した後の皇帝ネロを描いた絵「The Remorse of the Emperor Nero after the Murder of his Mother」、ジョン・ウィリアム・ウォーターハウス作（1878年）。

億円）に達したという。2020年の4月から7月の間で27・5％増えているんですよ。コロナ禍のせいで、「絶好調」だというわけです。彼らのこの財産総額は、最貧困層46億人の財産より多い。

46億人ってどれくらいの規模かというと、全人類の約6割ですよ。地球に生きる6割の人々のなけなしの全財産をかきあつめても、2000人ちょっとの財産に負けるなんて世界、あまりにいびつではありませんか。

ローマ帝国のネロの時代には、北アフリカの領土はたった6人の地主が支配していたそうです。あの広大な大陸を6人が支配していたとは驚きですが、そんな時代に呆れる資格が今の私たちにあるのかどうかといえば、分かりません。西暦64年に起きた「ローマ大火」はネロの放火説がうわさされ、ネロは「燃えろ、燃えろ」と喜んだといわれていますが、そんな狂気は現代にも受け継がれているのです。

古川　現代の富の不均衡をもたらしたのは、〈新自由主義〉と〈自由貿易論〉、そして〈グローバリゼーション〉の台頭だと、水野さんは以前から指摘されていますね。

水野　ええ。いずれも「自由」という言葉を使っているので響きがいいんですよね。でも今、それらがもたらした悪影響は、無視できない段階まで行き着いています。

1983年５月、米ウイリアムズバーグ・サミットにて。（左から）ミッテラン仏大統領、サッチャー英首相、レーガン米大統領、中曽根首相、コール西独首相。（時事通信フォト）

古川　新自由主義では、自由な市場競争を何より重視します。政府は公的な関与をなるべくなくし、企業同士も活発に競争させる。そうすることで経済が活性化するという理念の下に、イギリスではサッチャー首相が、アメリカではレーガン大統領が、日本では中曽根首相や小泉首相が〈小さな政府〉を目指しました。

その流れで日本専売公社はＪＴに、日本国有鉄道はＪＲに、日本電信電話公社はＮＴＴになりました。今、私たちに日常的なサービスを提供しているこれらの企業は、この時代に生まれたんですよね。私たちの記憶に新しい郵政民営化も、まさにその一環です。

過度に政府が口出しをしないことで、市場に競争原理を持ち込む。その方針はあながち間違いではないと思います。

しかし、行き過ぎた〈競争〉は、その荒波に乗れない弱者もたくさん生み出しました。〈小さな政府〉の下では、社会福祉も削減されがちです。競争に敗れ、しかも国の公的支援を受けられない人も増え、社会の脆弱性も浮き彫りになりました。

ちょうどこの頃からですよね。日本特有の〈自己責任〉論が出てきたのも。非正規雇用から抜け出せないのも自己責任、失業も自己責任、ホームレスになるのも自己責任だ、と。数年前には生活保護の不正申請バッシングも起こりました。行き過ぎた競争社会では、「自分はこれだけ頑張っているのだから、他人も同様に努力してもらわなくては割に合わない」という同調圧力が強まります。

水野　そんな新自由主義と歩みを共にしてきたのが〈グローバリゼーション〉です。20世紀以降の目覚ましいテクノロジーの発達により、人々は遠い場所まで、人や物を大量にすばやく移動させることが可能になりました。大型旅客機や輸送機、大型タンカーなどの登場で、世界中で自由な商売、競争を行うことが可能になったわけです。

しかしグローバリゼーションなんて、一時の幻影に過ぎないと思うのです。だって考えてもみてください。**人類はこれまでの歴史で一度も、「世界帝国」や「世界政府」などというものを実現できませんでした**よね。かつて無敵艦隊を誇ったスペインや、最強の騎馬軍団を持ったモンゴル帝国、そしてローマ帝国もイギリス帝国も、結局は地球の限られた領土しか支配下に治められませんでした。

にもかかわらず、新自由主義が謳われ始めたくらいから、「地球は一つ」、「全球化」などというスローガンがまことしやかに言われるようになった。そんなのは、とんでもない〝幻想〟です。

古川　そうしたグローバリゼーションを背景に、〈自由貿易論〉も唱えられてきました。国家が過剰な介入や干渉をせず、企業間が自由に貿易を推し進めていけば、輸出国も輸入国も豊かになるはずだという発想です。自由貿易の下では利益や資源が最適分配されていくはずだから、と。

水野　しかし、もしその理念が本当に正しいものであるならば、今頃発展途上国なんてこの世に存在していないはずですよ。
古川　そうですよね。しかし残念ながら、現実は異なりますね。
水野　自由貿易論はこの世に誕生して、すでに200年以上が経過していますが、途上国はいまだに途上国のままです。典型的なのは中東です。石油がたくさん出るのに、一向に経済発展していませんし、政治情勢も危ういままです。
古川　〈自由貿易〉×〈グローバリゼーション〉の相乗効果で、企業のサプライチェーンは幾重にも複雑化しました。
　今回、新型コロナウイルスのパンデミックで、一時的にマスクが品薄になりました。日本人が花粉症だ、インフルエンザだと重宝にしているマスクの実に8割が中国産であることを、私たちは今回初めて知りました。マスクだけでなく、よく見ると身の回りのほとんどありとあらゆる商品は、地球の各地を経由して私たちの手元に届けられています。
水野　先日、ある新聞記事で、企業のトップがこんなことを話していましたよ。「わが社のサプライチェーンをつなぐ距離は、地球と月を往復できる距離だ」と。その経営者は、コロナで初めてその事実に気づいたそうです。

地球と月を往復できるくらいなら、地球だけなら何周もできるほどの距離でしょう。それほどの長距離を、部品なり、原材料なり、加工品なりを日夜せっせと運んでいる。当然ですが、その過程で大量の二酸化炭素も排出しています。

アイリスオーヤマがマスクを生産する中国の大連工場。(同社提供)

古川　効率や安さを求めて外に出ていく間に、気づいたら地球を何周もしていたなんて、なんだか皮肉な話ですね。

水野　しかし、同様のことは、3・11の東日本大震災でも話題になっていましたよ。企業のサプライチェーンを調べてみると、だいたい三次下請けまでは把握できるけど、四次、五次、六次となると、もはや大元の企業は把握すらできない。こんな不自然な状況は変えるべきだと当時も議論されましたが、喉元過ぎればなんとやら。その後も結局、地球を何周分もする距離のサプライチェーンを構築していたというわけです。
それらのチェーンのどこかで事故なり、災害なり、政治的不安定が生じると、すべての業務が滞ってしまう。蝶の羽ばたき効果のように、地球の裏側で起こった出来事が、私たちの生活や仕事に影響するんです。それが、コストの安さばかりを求め、利益を最大限に追求してきた自由貿易の実態であり結果です。

古川 ピラミッドの頂点に立つグローバル企業は、その利益でどんどん豊かになっていくけれど、アジアのどこかの国で五次、六次下請けとして働いている人々には、スズメの涙くらいの賃金にしかならない。これが最大の問題ですね。

新自由主義という過度な〈自由競争〉

水野 グローバリゼーションについては、イギリスの学者デヴィッド・ハーヴェイの説明が、一番説得力に満ちています。彼は、「新自由主義は、資本蓄積のための条件を再構築し経済エリートの権力を回復するための政治プロジェクト」（『新自由主義』渡辺治監訳／作品社）だと看破しています。**資本の自由化や小さな政府という点で、新自由主義とグロー**

バリゼーションは同じです。

つまり、それ以前のエリート階級がここ100年で落ちぶれていたわけです。第一次大戦前までの〈上流階級〉vs〈下層階級〉という社会構造が、第一次大戦と世界大恐慌で大きく変化した。貴族階級は落ちぶれ、下層階級は底上げされた。相対的な格差が縮まり、中間層が厚くなった稀有《けう》な時代です。

その原因は、「ケインズ主義」にありました。世界大恐慌のさなかに登場したケインズは、需要と供給、雇用の関係に着目しました。それまでは市場は〈見えざる手〉によって需要と供給のバランスが取れるはず。失業者は、自発的に仕事に就かないか、あるいは次の仕事を見つけるまでの一時的な失業だと考えられていた。しかし、実際に世の中を見渡せば、世界的な大恐慌の中、失業者は街にあふれ、消費は冷え込み、庶民も企業もあっぷあっぷになっていた。そこでケインズは、社会の消費力を上げるためには、失業者をなくさなければいけない。仕事に就ければ賃金も得られ、結果的に物を買うようになるから、消費も活気付くはず。消費者が購買力を付ければ、企業の商売も上向くという好循環になるはず――そう考えたわけです。そして失業者に職を与えるため、政府が意識的に公共事業に力を入れたり、財政政策を打ち出す策を提言した。つまり、市場を自由競争に任せる方針にストップをかけたんです。

その結果、各国に〈大きな政府〉が出現。失業者は購買力を持つ中産階級層に底上げされました。そこに戦後復興と好景気が重なり、大いに消費は盛り上がったというわけです。

古川　これまでの世界の流れと真逆ですね。この間、政府の介入をどんどん減らして競争激化を促してきたのですから。

水野　そうですね。ですが、ベトナム戦争やオイルショック、インフレなどの対応にはケインズ主義だけでは太刀打ちできず、新自由主義が台頭することになりました。ベトナム戦争で事実上の敗戦をしたアメリカは、財政政策を切り詰め〈小さな政府〉に転向した。

つまり新自由主義は、政府にとっても、富裕層にとっても都合がよかったんです。企業が設けた資産を、貧しい層にまで分配するよりも、上層部に一極集中させたほうがはるかに儲かりますから。要するに、市場は〈自由な競争〉であるべきだ。政府の介入は無用。こうした主張に大義名分を与えたのが、新自由主義であったともいえるでしょう。

古川　市場競争が自由である以上、〈勝者〉と〈敗者〉が生まれます。

もちろん社会主義国家ではない以上、ある意味それは自然な形かもしれません。ただ、競争に長《た》けた人々がハゲタカのように敗者を追い詰め、自らの成長ばかりを求めるのは、やはり〈共生〉の世とはほど遠いといわざるを得ません。

水野　時に私は思うんです。**グローバリゼーションそのものが、実は伝染病みたいなものだったのではないか**と。美しい響きが先行する〈グローバル化〉に世界中が突き進んだ結果、中産階級が没落してしまったわけですから。

没落の象徴として、自殺・アルコール依存症・薬物依存症、この三つがアメリカの白人中産階級の死亡原因として上昇し続けています。イギリスやカナダもその傾向があります。日本の場合は酒の呑み過ぎ、つまり肝臓疾患で亡くなる人はまだ多数派ではありません。日本人の死亡原因を順位別にみると、一位から順に、がん、心疾患、老衰、脳血管疾患、肺炎です。

しかし、日本の場合、自殺者数がすさまじい。２０１９年の自殺者は２万１６９人。一年間で約２万人が自ら命を絶っています。実はこれでも一時に比べれば減っているんです。バブル崩壊後の１９９８年から２０１１年まで、日本は毎年３万人前後の自殺者を出していましたから（警察庁発表）。当然ながらG7中では最悪の数字です。

ところが新型コロナウイルス以降、自殺者がまた増えている傾向がみられます。2020年には前年と比べて750人増えて、2万919人となり、11年ぶりに前年より増加しました。収入減や雇い止めなどで、経済的困難者が増えていることも、その原因の一つです。

古川　もともと〈グローバリゼーション・ウイルス〉が世界中に蔓延して、人々が疲弊しきっていたところに、本物のウイルス〈新型コロナウイルス〉が直撃した。それが2020年の出来事だったということですね。

水野　その通りです。新型コロナは、国を選びません。それでも、感染者数や死者数が、国によって大きな違いがある。ウイルスに関してはまだ解明できていない部分も多くて安易なことはいえませんが、確かなのは、経済的弱者が多い国や地域で、爆発的に感染が広がっているという事実です。

古川　その意味では、アメリカで最大の死者数を出しているのは皮肉ですね。〝世界一豊かな国アメリカ〟のはずが、ひと皮むけば適切な医療を受けることもできない人々を大量

世界の新型コロナウイルスによる死者数

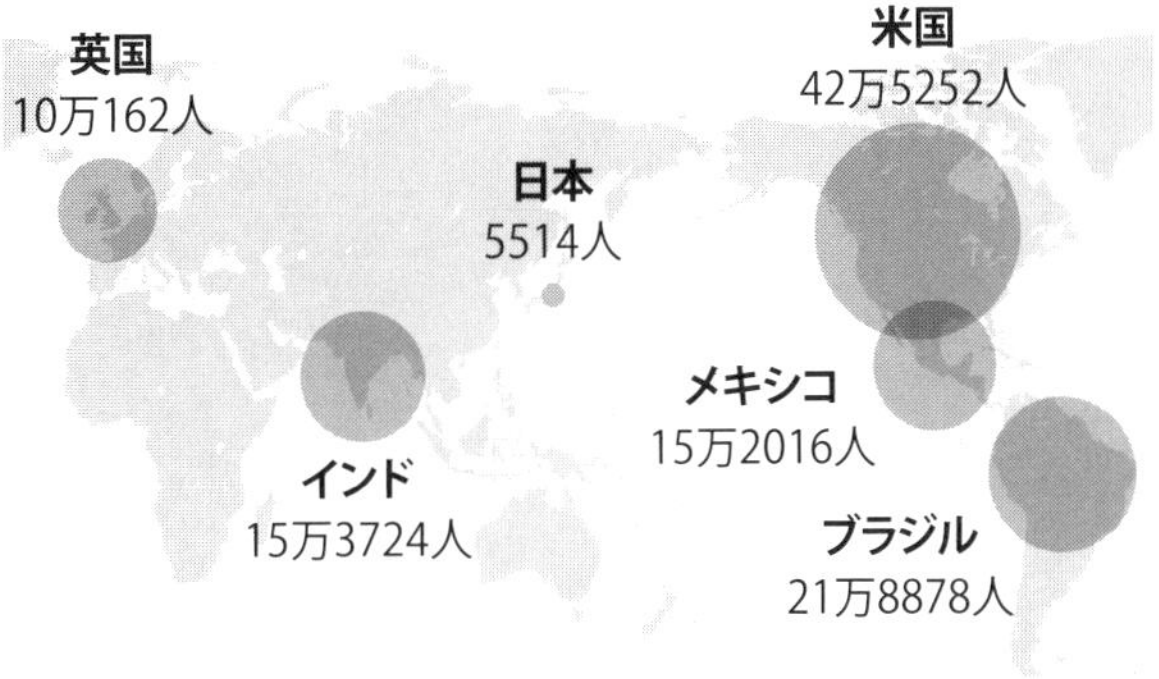

米ジョンズ・ホプキンス大の集計から抜粋。1月28日現在

に産出している。特に貧しい労働者や黒人層に死者が集中しています。

水野　格差問題に関しては、経済的不平等の研究家、トマ・ピケティが『21世紀の資本』（山形浩生、守岡桜、森本正史訳／みすず書房）などの大著で究明を試みています。日本語版で720ページ以上。相当なボリュームですが、世界的ベストセラーになりました。各国で〈格差問題〉が深刻になってきている証です。

古川　日本も他人事ではありません。格差問題はここ20年ほどたびたび議論されてきましたが、そこに今回のようなパンデミックが来て、さらに格差拡大が進みつつあります。

2008年のリーマン・ショック、11年の東日本大震災、そして20年の新型コロナウイルス。こうしたきっかけで不況になると、格差が一気に広がります。

不況の一番の問題は、弱い立場に置かれている人々が、真っ先にその影響を被るということです。派遣社員、契約社員、日雇労働者、アルバイト、パート……。これまで彼らの存在で世の中の多くの仕事が回ってきたのに、いざとなったら、彼らが真っ先にクビを切られる対象になってしまう。しかも、このところ貧困の固定化が進み、親から子へ、〈貧困の連鎖〉も起きています。

こうした格差拡大や貧困の固定化は、社会不安へとつながります。そして社会不安が長引いて拡大していけば、テロや最終的には戦争にまで結びつきかねません。

100年前、世界中でスペイン風邪が流行した後に、世界大恐慌が起き、そして第二次世界大戦へと向かいました。「インターナショナリゼーション＋スペイン風邪」、「グローバリゼーション＋新型コロナウイルス」。ここまで起きたことを考えると、私たちは100年前と同じようなトレンドを、この21世紀もなぞっているような気がしてなりません。

〈雇用の調整弁〉としての派遣制度

水野　グローバリゼーションや新自由主義が行き過ぎた結果、日本で生まれたのが〈派遣〉なる存在です。

派遣制度は企業側が、「働く人のニーズが多様化し、これに応えるために導入する」と言っていましたが、とんでもない嘘だったことがリーマン・ショック後に明らかになります。そもそも半年働いてあとの半年は世界旅行ができるなどという人は、千人に一人いるかいないかだと思います。千人に一人の期待に応えるよりは、999人の雇用の安定を求める声を聞いてほしいです。結局その誕生から30年ほど経て分かってきたのは、〈雇用の調整弁〉として、企業が都合よく使い捨てできるシステムだという事実です。

景気のよい時には都合よく使い、悪くなると真っ先に被害を押し付ける。現状の派遣制度は、即刻やめるべきだと思います。ちなみにローマカトリック教会が支配する中世社会が崩壊する大きな要因は、教会関係者が嘘をついたからです。同じことが、21世紀になって起きています。

古川　確かに、現在の派遣制度は見直しが必要ですね。
一時的に派遣という形で働くのならまだしも、長く派遣という形で働き続けるとなると、極めて経済的に不安定になります。本来なら「一時的な働き方」として設けられたはずの制度が固定化され、その人の思いとは関係なく、派遣以外の働き方を選べない人を大量に生み出してしまいました。
例えば、二十代の初めは派遣で働き、三十代、四十代では正社員、五十代で親の介護が必要になったらまたしばらく派遣で働き、介護が必要なくなったら再び正社員に戻る、といったフレキシブルな選択ができればまだいいんですけどね。現状は違います。新卒の際に景気がよくて正社員として雇用されたらいいのですが、大学卒業時に不況で派遣で働き始めたら最後、三十代も四十代もずっと派遣で働き続けるしかない……。これは、ゆゆしき問題です。
水野　派遣のような存在も、グローバリゼーションの中で〈ヒト〉〈モノ〉〈カネ〉が同列に論じられるようになった流れで生まれてきたといえますね。
古川　そういえば、グローバルカンパニーで幹部まで勤めた友人から、何年か前に同じようなことを聞きました。

「ヨーロッパで移民排斥運動が激化しているのを見ると、グローバリゼーションの失敗を目の当たりにするようだ。ヒト、モノ、カネってひとくくりにして言うけれども、モノやカネは移動して場所が変わっても、その性質は基本的に変わらない。ところがヒトは違う。ヒトにはそれぞれ生まれた場所があり、そこに根づいた文化もある。モノやカネとはまったく異なる存在だ。それなのにモノやカネと同列で扱い、同じように世界中移動させればいいと考えたのが、根本的な間違いだった」と。

水野　また、カタカナで表すのがいやらしいですよね。

古川　そうなんです。〈人〉〈物〉〈金〉と書かれればまだしも、直感的にその違いが伝わってきますが、〈ヒト〉〈モノ〉〈カネ〉と書かれたら、その途端、血の通っている人間であることを忘れてしまいますよね。

この間、日本でも企業の〈人〉に対する考え方が変わり、〈人〉を〈モノ〉〈カネ〉と横並びの〈ヒト〉として、扱うようになってしまいました。

水野　従来の日本企業は、従業員をなかば一つの疑似家族のように扱ってきました。入社した以上は家族の一員として、一から仕事を教えて育て上げる。それぞれが家族を持って生活していけるように、徐々に給料を上げて、定年退職のその日まで面倒を見る。それが日本独自の終身雇用制度です。

古川　近年はそれが時代遅れのものとされ、一転して欧米型の人事制度がもてはやされた。それ自体が間違いだとまでは断じられませんが、終身雇用制度に代わる働き方としての現在の派遣制度は、かなり乱暴に過ぎます。

バブル崩壊以降でしょうか。「労働力＝コスト」と見なされるようになったのは。「労働力＝人」です。**企業は人がいて、初めて発展する**ことができます。かつて武田信玄は「人は城、人は石垣、人は堀」という言葉を残したといわれますが、日本企業にとって人は「資産」だったのです。ところがその「資産」だった人が単なる「コスト」と見なされるようになってしまった。「コスト」であれば、それは少しでも削減して、事業の効率化を図ることが経営者の役割だ。そんな発想から、労働力削減や賃金カット・抑制が図られるようになり、その過程で正社員から派遣への移行も進んでいきました。

水野　この間における日経連のレポート（『新時代の「日本的経営」』１９９５年）は、日本社会を分断した最悪の報告書として後世に残ると思います。企業で働く人間をいわゆる三階級に分けましたよね。「経営幹部陣」と「専門職」と「その他」に分類した。あれは日本を〈階級社会〉にしますよ、という宣言を、今の経団連がしたことにほかなりません。

古川　かつては「一億総中流社会」と呼ばれた日本も、今や格差社会に陥っています。親の所得や教育水準が、そのまま子どもの教育水準や生涯所得にまで影響し始めています。これはもはや立派な〈階級社会〉と呼べるものだと、私も実感しています。

水野　振り返ってみると、いわゆる〈派遣〉は1986年の労働者派遣法から登場しました。それも当初は通訳・翻訳、ソフトウェア開発や秘書などの専門職13種類に限られていましたが、10年後の1996年には26業種に、1999年にはさらに規制緩和が図られました。

初期の頃の〈派遣〉は、まだしも専門知識者であり、簡単には代替が利かない存在として重宝がられていました。そこでは現在のような搾取関係に陥ることも少なかったはずです。被雇用者も、今の職場が正当に評価してくれなければ辞めて、他の職場を見つければいいわけですし。

しかし、事務作業や工場勤務などの単純労働にまで〈派遣〉の範囲を広げたことで、彼らの希少性は薄まりました。「この人」でなくても、「あの人」でも代替は可能。不要となったらいつでも辞めさせて、再度必要になったらまた新たに雇えばいい。そんな扱い方が、まかり通るようになってしまったのです。

古川　ただ働く側にも、派遣という働き方に対する一定のニーズがあることも事実です。毎日は働けない人、短時間だけ働きたい人もいる。小さい子どもがいたり、自宅で介護をしていたり、あるいはほかに人生の夢があり、仕事とプライベートを厳密に分けたい人もいるでしょう。そういう立場の人にとっては、仕事時間や職場、待遇がドライに決められている派遣のほうが、ありがたいのです。

水野　もちろんそうです。だから問題なのは、〈派遣〉という働き方そのものよりも、会社が簡単に辞めさせる権利を一方的に握っているということなんです。一度働いてもらった以上、会社の都合で簡単に辞めさせる権利を、会社側が持たなければいいだけの話なんですよ。

もともと被雇用者は、雇用者の前では圧倒的に弱い立場ではありますが、一般的な「正社員」ならば「辞表」という切り札を持っています。

しかし、非正規雇用者たちはそんな唯一の武器すら持っていない。身ぐるみはがされた状態で、会社の意のままに働き続ける。その関係性があまりに歪《ゆが》んでいるのが問題なんです。

古川　同じ仕事をしているにもかかわらず、給与も低くボーナスも昇給もない、しかもいつクビになるか分からない。そんな状況の人々がこれだけ多くなれば、消費が冷え込むのも当たり前ですよね。

水野　現在、日本企業で正社員として働いている人々は、6割程度です。つまり残りの約4割が派遣社員。日本経済に貢献している人々の約4割が、不安定な生活を余儀なくされている。これで経済が上向かないと上層部は嘆いているのですから、どうしようもありません。

古川　本当の意味での、**「同一労働、同一賃金」を実現すべき**です。それは単に非正規雇用者がかわいそうだからというわけではありません。本来そうあるべきだし、またそれを実現することで、結果的に社会全体の経済を上向かせることにもなるんです。

外国で可能なんだから、日本でできないわけはありません。「できない」のではなく「やらない」だけだと思います。

水野　その通りです。

古川　しかし、水野さん。問題はオフィスワーカーに限りませんよ。私は「文化芸術振興議員連盟」の副会長として文化、芸術、エンターテインメント関係の応援をしているんですが、こういった分野の人々も今、大変な苦境に立たされています。

水野　まったくです。演出家の鈴木忠志さんが夏の演劇祭で言っていたのですが、「演劇界は新型コロナによって激甚災害に見舞われた」と。本来なら、政府は文化・芸術に関わる人たちを「激甚災害」に認定して支援する必要があると思います。人々の五感を最も鍛えるのが文化・芸術ですが、政府は科学・技術一辺倒です。五感を鍛えないと、現在の歴史的な危機を乗り切れませんので、今ほど文化・芸術が大切な時はないのです。〈真理〉の追究という姿勢がまったくなく、経済成長と利益の追求のみに熱心です。

古川　文化・芸術は、決して不要不急なものではありません。人として生きる上で、なくてはならないものです。

ゼロサム競争の限界を知る

古川　結局のところ、地球は一つのパイだと思うんですよね。全員が考えなしに奪い合えば壊れてしまうけど、大切に扱えばずっと保ち続けることができる。私は、ゼロサム競争をしていることの不毛さに早く気づき、「このままでは未来がない」とゼロサム競争の限界を理解することさえできれば、私たち人間は変わることができるのではないかと希望も持っているんです。

8年ほど前、私が宇宙政策担当大臣をしていた当時、『宇宙兄弟』（小山宙哉著／講談社）というマンガが流行《はや》っていました。このマンガはきちんとJAXAなどに取材しているので、事実に即している部分がけっこうあるのですが、その中に宇宙飛行士の養成訓練の話が出てくるのです。彼らはそこで、非常に過酷な状況に自らを追い込む訓練を重ねるんです。例えば、わざとお互いが不信感を抱くような状況をつくり出したりする。

どうしてそんな訓練をするかといえば、宇宙空間での宇宙船は、これ以上ない閉ざされた〈閉鎖社会〉だからです。もし何かトラブルが発生しても、他からの助けは一切得られません。助かる道はただ一つ、一緒に乗っているクルーで協力して問題を解決するしかない。

水野　誰か一人だけ生き残るということは、基本的にあり得ませんからね。全員が生き残るか、あるいは全員が死ぬかしかない。

古川　だからこそ、どんなに不信感がある相手でも、それを乗り越えて協力し合う必要がある。そこで、思い出したんですよ。「宇宙船地球号」という言葉を。

宇宙の中で暗闇にポッカリと浮いている地球は、いわば巨大な宇宙船のような存在である。その「宇宙船地球号」のクルーとして、私たちは互いに助け合っていかなくてはならない立場にあるのだという考え方です。

これは人類に限った話ではなく、動植物や森林や、川や海などの地球環境すべてに通じる話です。人間だけがワガママに地球資源を枯渇するまで使い切って生き延びようとしても、それは無理な話です。最近は毎年のように、熱波や寒波、台風やハリケーン、山火事や洪水が起きていますが、それらは地球から私たちへの、明らかなしっぺ返しでもあるのです。

水野　そうかもしれません。そもそも資本主義は、〈フロンティア〉を手に入れ、さまざまな形の資源を獲得し続けることで発展してきました。その資源とは、人的資源のこともあれば、土地資源のこともある。エネルギー資源や食料資源なども、もちろんそうです。

しかし、20世紀に入り、もはや地球上から〈フロンティア〉は消滅しました。人類が足を踏み入れていない肥沃な土地など、もはや地上にはありはしないのです。

だとすれば今後の私たちは、すでにある地球の資源を、みなで分け合い、助け合いながらやりくりしていくしか、生きていく術《すべ》はないのです。

古川　その共通認識を持てれば、人類は新たなステージに進むことができると思うんですけど、楽観的過ぎるでしょうか。

水野　その認識をどれだけ多くの人々が持てるかが勝負ですね。とりわけ政治や経済を動かしている人々の意識が、どれだけ変われるか。

結局のところ、既存システムが変わるには、トップの意識改革が欠かせないんです。逆にいえば、トップや中心が信頼を失ってグラつけば、ガラリと体制は壊れる。

明治維新もそうでしたよね。草の根の下級武士たちの動きが下からあり、かつ社会の上層部にいた幕府や各藩トップも動いた。ダブルの力で、何百年と続いた封建制度がようやく崩れました。

ヨーロッパの宗教改革も同様です。コペルニクスはそれまでの「閉じた宇宙（コスモス）」を否定して「無限の宇宙」論を唱えました。つまり、「閉じた宇宙」には神様の位置が常に固定されていたのですが、「無限」となると、神と人間の距離が分からなくなる。それがローマ教皇をトップとする中世世界を崩壊させる一つのきっかけになりましたが、時を同じくしてマルティン・ルターらの宗教改革家も各地で論戦を張りました。

社会システムは、このように中心点のグラつきと、下からの突き上げがない限り、変化しないんです。どちらか一方では社会は変わりません。

古川　今、下からの動きは感じられますよね。普通の人々の意識は徐々に変化し始めている。ですがトップや中心の動きは恥ずかしながら、まだほとんど見られませんね。

水野　ＧＡＦＡ（Google, Amazon, Facebook, Apple）の人たちもいったい何をしているのかとジリジリします。グーグルやアップル、フェイスブックやアマゾン、彼らの登場で私たちの生活は大きく変わりました。社会の変革を起こした彼らが、その結果としての富を得る。それ自体は決して悪いことではありません。

しかし、その富の代償に、彼らには社会をよりよい方向に導いていく義務があります。アマゾン代表のジェフ・ベゾス氏などは、総資産額で世界一位ですよ。そんな輝かしい記録の裏で、アマゾンの倉庫で働く人々は、微々たる時給しか得られていません。

日本の上場企業も同じです。日本経済を牽引してきた人々が現在、何をしているか。せっせと非正規雇用の人たちを職場から追い出しにかかっています。

古川　リーマン・ショック後には、多くの非正規雇用者が職も住まいも失い、路頭に迷いました。2008年の年末に日比谷公園に設営された「年越し派遣村」には、500人もの人々がつめかけて、宿や食べ物の提供を受けました。あれは、衝撃的な光景でしたよね。

水野　まがりなりにも日本はG7に加盟する〝先進国〟ですからね。そんな国を一皮むけば、今日の食べ物にも事欠く人々が大勢隠れていた。皇居のすぐそばにテントを張り、ボランティアによる炊き出しがないと明日を生きられない人たちがこんなに大勢いる現実を、テレビを通じてみなが知りました。日本に貧困問題は存在する。あの光景で気づいた人は多かったはずです。

古川　しかし、あれ以降も事態はそれほど改善されていません。そして気づけば今回のコロナ危機でもまた、デジャブのようにあの時と同じような出来事が繰り返され、大量の契約社員、派遣社員、アルバイト、パートが雇い止めに遭い始めています。

水野　そんな状況をとてもよく表す逸話がありますよ。マルクスが『資本論』で言っているのですが、資本家の認識は、ノアの洪水が起こる場合でも、「洪水は、自分が死んだ後に来るだろう」というものだということです。

仮に日本経済が死に絶えても、地球環境が破壊されつくしても、世界が滅亡しても、資本家は常に心のどこかでこう思っている。「それは自分が死んだ後のことだ」、と。そうやって常に問題は次世代へと持ち越されてきたのでしょうね。

さらに、マルクスによれば、株式市場はいつか崩壊して雷が落ちることを資本家は認識しているのですが、その雷は「隣人に落ちる」とも言っています。雷が落ちた時に、派遣制度は避雷針であって、雷が派遣社員の頭に落ちるように、という設計思想だったといえます。

古川　なんとかして、私たちの世代で、こうした流れを変えたいものです。

水野　繰り返しになりますが、変わるべきは、トップに立つ古川さんたちのような政治家と経済エリートです。本当に、「変わるチャンスは今しかない」という覚悟を、彼らに持ってほしいと願っています。

だって、世界に散らばるトップ富豪の2189人のうち、日本人でも「あの人と、あの人は入っているんだろうな」という人が何人もいるじゃないですか。その人たちが何を発言し、行動しているかに私は注視しているんですが、残念ながらこれがじっと黙っているだけなんですよね。彼らはテクノロジー分野や産業界の最高幹部らだといわれていますが、発言力も経済力も行動力も持っている人々です。自分の傘下にあるグループ企業で、「明日から派遣社員の希望者は全員、正社員と同じ待遇にします」と宣言すれば、世の中の流れはガラリと変わりますよ。

古川　水野さんのお言葉、肝に銘じたいと思います。実は2010年に当時の金融・郵政改革相だった亀井静香さんが、それをやろうとしたんです。郵便局に勤める非正規雇用者のうち、希望者全員を正社員にすると宣言し、大々的な改革を断行しようとしたんですね。

結果的に60歳未満の非正規雇用6万5000人の中で、希望者は約半数でした。しかも、最終的に「正社員としてふさわしい人」を考査した結果、正社員になれたのは8000人強にとどまりましたが……。

郵政民営化に関していえば、民営化によってひずみも生まれましたよね。2019年には、かんぽ生命保険の勧誘で、多くの詐欺まがいの不正契約がなされていたことが明らかになりました。厳しいノルマが原因でしたが、民営化の悪しき側面が出た結果といえなくもありません。

水野　民営化して、市場メカニズムに任せればすべてうまくいくと当時の政治家が考えていたとしたら、おめでたいを通り越して、何らかの思惑があったとしか思えません。年賀状もノルマ制で、目標に達しない場合は自腹で買っていたようなケースもあると聞いています。

古川　そもそも冷静に考えれば、この人口減少の時代に、民間の保険商品だって新規契約が難しい時代なのに、かんぽ保険だけ伸びるわけがないじゃないですか。しかも、もともと保険販売のプロでもない郵便局員にノルマを課して、加入者を増やそうとした。だからあんな不正行為が起きたんです。こうした事態を経営者側は十分予想できたはずです。

年賀状も同様です。ほとんどの人がメールやSNSで連絡を取り合う時代に、30年前と同じように紙の年賀状の売り上げを伸ばせとノルマを課したら、結局は自分か身内で買い取るしかない、いわゆる〝自爆営業〟にならざるを得ないことは、素人が考えても分かることではないでしょうか。

水野　郵便局に限らず、日本の組織すべてが〈自由競争〉を追い求めるあまり、「前年度より売り上げを伸ばせ」という〝成長教〟にがんじがらめになってしまっています。根本から発想を変えていく必要があるでしょう。**事業計画、利益計画をすべて〈対前年比〉をベースに考える、というその思考法を変えるべき**です。

古川　まったくそうですよね。人口減少時代で市場が急速に縮小し始めている状況下で、前年より減少するのをどう食い止めるか、という発想なら理解できます。そうではなく、前年よりも成長することを前提にしてしまうと、どうしても無理が生じるのです。日本はなまじっか、右肩上がりの高度経済成長時代の成功体験があるせいか、いつまでたっても「夢よ、もう一度」と、成長を追い求める発想から抜けられないでいるように思います。

一度頭をまっさらにして、これからの人口減少時代、「本当に大切なものは何か」を考えるべき時期に日本は来ているのではないでしょうか。

私はそれは、〈サステナビリティ＝持続可能性〉だと思います。

これからは、**〈成長〉よりも〈サステナビリティ＝持続可能性〉**を重視する時代なのです。

人口減少時代においては、現在の生活水準を維持するだけでも実は大変なことなのです。にもかかわらず、これまでのように「もっと、もっと」とあくなき成長を目指していくと、結局は格差が拡大して、ごく一部の人を除いてほとんどの人の生活水準は下がってしまう、という事態を招いてしまうことになると思います。それよりも、どうしたら今と変わらないような生活を今後も維持していけるのか。こうした社会のサステナビリティを最優先に考える発想が、これからの社会や経済では最も求められるのではないでしょうか。

成長教を捨て、〈サステナブル〉な社会を

水野　日本人の〈右肩上がり〉成長に対するほとんど狂信的なまでの執着は、かなり強固なものです。特に今、企業のトップに就いている方々の多くは、経済がまさに〈右肩上がり〉に成長した時代を駆け抜けていますからね。こうした成長教信者の昭和世代の人にと

ってみれば、若い層が「〈サステナブル〉な社会を」とか言ってもいまいちピンと来ないのも理解できます。

でも、ここで立ち止まって考えてみましょうよ。そもそもなぜ、私たち日本人は〈右肩上がり〉に経済を成長させ続けなくてはならないと、信じこんでしまったのかを。

端的にいえば、「化石燃料を遠い他国から大量に買い付けなくてはならないから」なんです。それは、「毎年、貿易黒字を出し続ける」ことでようやく可能になることだからです。例えば、日本はここ30年ほど、多い年は１３００万台、２０１９年には約９７０万台もの自動車を生産しています。しかし、このうち日本国内で消費されるのは5割程度。残りの半分はすべて海外に輸出されています。

２０２０年の貿易統計では、日本の輸出額はおよそ68兆円ですが、そのうちの14兆円分が輸送用機器輸出です。しかも輸出先のトップは北米で、約31%を占めている。

古川　国内市場が縮小しているので、外国に自動車を買ってもらわなくてはならない日本の事情が表れていますね。そんな「一本足打法」のリスクも、今回コロナで大きな課題になりました。世界的な不況に陥ると、日本製の自動車に対する需要も激減して、日本経済は大きな打撃を受けます。

水野　リーマン・ショック以前は、電気機械産業と自動車産業がドルを稼いでいたんですが、リーマン・ショックで電気機械産業はドルを稼げなくなりました。したがって、今まで以上に日本は自動車産業に頼らざるを得なくなってしまった。とはいえ**一番の問題は、貿易黒字にこだわり続けなくてはならない日本のエネルギー事情**です。

日本はここ数十年間、海外から化石燃料を大量に買い付け、国内では原子力発電でエネルギーをまかなってきました。でも、そのどちらもかなりの犠牲やリスクを伴います。貿易黒字を出すために、日本中が必死に働き続けなくてはならない犠牲、そしてこの地震大国日本で、全国に原発施設を維持し続けなくてはいけないリスクです。

貿易・経常黒字は投資の概念に入ります。生産物は消費されるか投資されるかの二つしかありませんので、戦後からずっと消費を我慢して投資をしてきました。その結果、年間労働時間が減らないのです。自由時間が増えないので、文化・芸術を楽しんで五感を鍛えることなどできません。五感を鍛えないと、危機に直面した緊急時に肝心な精神力が生まれてこないのです。

古川　その通りです。

水野　ここをもう一度、しっかり見直しましょうよ。そもそも、化石燃料はいずれなくなります。要するに、遠い中東にまでわざわざ仕入れにいく必要もなくなるわけです。

しかも日本には、ふんだんに降り注ぐ太陽光や、温泉大国ならではの地熱もある。風力発電や水力発電もあります。化石燃料と原発に依存しきっている仕組みを全部切り替えていく覚悟を持てば、他国への依存度は一気に減りますし、「毎年、貿易黒字を出し続ける」必要もなくなります。

古川　東日本大震災に伴って起きた福島原発事故の後、私が国家戦略担当大臣の時に取りまとめた「革新的エネルギー・環境戦略」によって、日本はいったん脱原発へと舵を切りましたが、安倍政権となり、再び原発を維持し続ける方向へと逆戻りしてしまいました。しかし世界では、ドイツのシーメンスやアメリカのGEが原発事業から距離を置くなど、むしろ国だけでなく企業も含めて、脱原発の動きが強まっています。

日本はもっと自然エネルギーによる発電能力を高めることができるはずです。特に地熱発電。同じ温泉大国であるアイスランドでは地熱発電だけで20％以上もの発電をしています。日本でもそれくらいの潜在力はあるのではないでしょうか。原発や火力に替わる代替エネルギーの開発にもっと積極的に取り組むべきです。

水野　すると変わってくるのが、日本人の働き方です。「毎年、黒字を出す」「右肩上がりに成長する」目標のために、いったいどれだけの日本人が「過労死」や「うつ」「自殺」などのリスクにさらされていることでしょう。

日本人の「正社員」は、統計上平均して年間2000時間働いています。本当は、もっと長時間働いていると思いますが、一方のドイツ人の労働時間は、パートの人も含めて平均1390時間ですよ。同じ基準でみると、日本は1670時間です。その差は、なんと年間300時間近くにも及ぶ。45年間働くとすると、1万2600時間余計に働いていることになります。

古川　一年間に300時間も余裕があれば、いろんなことができますね。家族や友人と、もっとゆっくり過ごす時間を持てるでしょうし、のんびり長期の旅に出て心身を癒やすことも可能でしょう。趣味や勉強に打ち込むこともできるだろうし、美術館や映画館、コンサートなどに足を向ける意欲も出るでしょう。可処分所得ならぬ、可処分時間がそれだけ増えれば、「仕事」と「生活」以外に、「余暇」の時間を確保できるようになって、真の〝豊かさ〟を実感できるようになるのではないでしょうか。

水野　コロナ禍によるロックダウンの際、ドイツはフリーランスのアーティストや個人事業主などにも、即座に給付金支給を決定しました。文化芸術に対する考え方が、根本から日本とは違うと痛感しましたが、それも日頃からの人々の「余暇」の過ごし方に、関係しているのでしょうね。

ドイツ文化相のメッセージが、日本でも話題になりました。「アーティストは必要不可欠であるだけでなく、生命維持に必要なのだ。特に今は」と言って。

日本では「余暇」＝娯楽＝遊びとして片づけられがちなのを、人生に必要な心の栄養素として大切に扱う姿勢を内外に示したのは、さすが芸術大国だと感心しました。

古川　また日本の場合、非常に残念なことに、そんなに過労死寸前まで働き続けているのに、労働生産性はドイツより低いのが現実です。

水野　ＧＤＰを国別に見ると、日本はドイツより上です。しかし、日本とドイツでは人口がだいぶ違いますからね。一人当たりのＧＤＰに換算すると、ドイツのほうが日本よりＧ

世界GDPランキング 上位5カ国（2019年）

順位. 国名	（単位：百万US$）
1. 米国	21,433,225
2. 中国	14,731,806
3. 日本	5,079,916
4. ドイツ	3,861,550
5. インド	2,868,930

（IMF統計に基づく名目ベースのGDP〈国内総生産〉総額。米ドルへの換算は各年の平均為替レートベース）

ＤＰは上なんです。

つまり、ドイツ人は日本より働く時間は短いのに、得るものは多く、日本人は命を削って働いているのにそれに見合った実りを得ていない、ということになります。

古川　日本人の勤勉さは世界でも有名ですが、命を削ってまで働くのは、〈勤勉〉ではなく〈自己犠牲〉です。その〈自己犠牲〉を無言のうちに要求する社会が、ここ数十年続いてしまっているのは残念な限りです。

そんな日本でも、それこそ江戸時代などは、午後3時くらいには仕事を切り上げて、寄席やら蛍狩りやら、町民たちも楽しみながら暮らしていたと物の本には書いてあります。

〈暮らし〉と〈仕事〉の一体化、職住一体の働き方は、最近の言葉でいうところの「ワークライフバランス」「リモートワーク」のはしりではないかと思ったりするんですよね（笑）。当時は毎年国として貿易黒字を出さなくてはいけないなんてこともなく、必要最低限、衣食住がまかなえればよかったわけですから。

水野　江戸時代に戻ることはできなくても、ちょっと昔を振り返り、自分たちの生活を見直す価値は十分にあるのではないでしょうか。バリバリ働くのが好きな人もいれば、もっと余裕を持って生活を充実させたい人もいます。いずれにせよ、誰であれ「健康で文化的な最低限度の生活」をできる社会を実現させなくてはいけません。

おそらく、もう十数年経ったら、ニューヨークと東京を行ったり来たりしてバリバリ働いている人は、明治維新になってもちょんまげに刀を差して街を闊歩していた人と同じだと見なされるでしょうね。

第二章　資本主義を問い直す

社会の〈レジリエンス〉を育てる

古川　前章に続けて、資本主義についてさらに見方を深めていきましょう。

ここ数年「シェアリングエコノミー」という言葉が盛んに使われるようになりました。「共有経済」という意味で、インターネットなどを介して個人と個人が物やサービスを共有する経済活動のことです。私はこの**「シェア」という概念は、今後、私たちがサステナブルな社会を築いていくための、一つのヒントを示唆しているの**ではないかと思います。

シェアリングエコノミーは、言い方を変えれば現代版の「物々交換」ということができます。貨幣が登場して以来、物と物との間にお金を介在させるシステムが主流となりましたけど、もし物々交換ができるのなら、お金など介さなくてもいいわけです。

現代のテクノロジーを生かせば、これは実現可能な世の中になってきている。お金を必要としない、現代版物々交換だけで暮らすことができる〈シェアリングソサエティ〉をつくることが、今では不可能ではなくなってきていると思います。

近代は、「経済成長」を目指すことが是とされてきましたけど、本来は〈成長〉そのものが目的ではなく、本当に欲しいのは成長の先にある〈幸せ〉ですよね。〈成長〉はあくまで〈幸せ〉になるための手段であったはずです。極論すれば、幸福でさえあれば、別に経済成長などしなくてもいいともいえるわけです。したがって、生活のために必要なものはすべてシェアすることで手に入れることができて、それで普通の暮らしができるのなら

ば、それは〈幸せ〉が実現していることになるのではないでしょうか。

水野　地方では「食費はあまり必要ない」と聞くことがあります。自分の家ではニンジンやジャガイモ、ネギやトマトを育てていて、隣家はキャベツなどをつくっている。近所には米をつくっている知り合いもいて、それぞれの収穫物を交換しているので、お金を使う機会が少ない、と。

しかし、東京ではそうはいきません。誰も何も生産せず、みんなが同じようなものを余らせているだけ。需要と供給が成り立たないんですね。正札のついた洋服をどこの家庭も余らせていて、洋服が絶対的に不足している家庭は非常に少ない。これが、都心の弱みでもありますね。

トルストイが『ホルストメール』（1886年）という小説で、人間の「私のもの」とい

う所有の概念を皮肉っています。馬から人間を観察した物語にしているんですね。当時、皮肉られていたのは貴族ですが、今や日本人全体が貴族化しています。「私のもの」という所有権を絶対視する風潮を、私たちは今こそ是正しなければいけません。なぜなら「所有権」とは、ジョン・ロックにいわせれば「生存権を基礎に成り立っている」わけですから、**個々人が過剰に所有すれば、人類の生存権が脅かされる**ことになります。

古川　なるほど。「生産者であり、消費者でもある」。それが人間のあるべき本来の姿ですよね。自粛期間中に、庭やベランダで家庭菜園をする人が増えたと聞きますけど、案外こういった「人間のあるべき姿」に回帰したい欲求の表れかもしれませんね。

近代社会は、生産者と消費者が完全に分離されていることも特徴です。かつて消費者のすぐそばに生産者がいた社会は、「グローバリゼーション」の〝恩恵〟の結果、消え去りました。欧米の服飾メーカーが発注した服が東南アジアのどこかの国で生産され、日本で売られる。あるいは北極で獲られた魚が寿司のネタとして東京の回転寿司チェーンで食される。海外に輸出される自動車の部品を、アジアの工場からまかなっている……。

人件費を含めてあらゆる費用を〝コスト〟と見なして、それを極限までカットするために生み出されたシステムは、一見無駄がなく効率的です。だけどこのシステムが一部でも機能しなくなると、すべてがストップしてしまうことが、今回のコロナ・パンデミックでよく分かりました。

水野　マスク騒動もその一例ですね。

古川　市販のマスクが手に入らなくなったことで、自分でマスクをつくり始めた人が大勢いました。自給自足生活の始まりの一つですよね。

もちろん、生きていくためのものをすべて、自給自足することは不可能です。しかし、生きるために最低限必要なものくらいは、国内で本来はまかなえるようにするべきではないでしょうか。

水野　そうですね。でも、それをやらないで、人に任せきる仕組みを着々と整えてきたのが近代です。

古川　しかも、その「人任せ」をほとんど海外に委ねてきた。安い労働力を使って、安くつくらせて、安く買って、おかげで私たちの暮らしはずいぶん快適になりましたが、ふと気づいたらその結果、生きていくために最低限必要なものでさえ、自分たちではつくらない社会になってしまっていた。これは危機に弱い、非常に脆弱な社会です。これは日本だけのことではなく、世界全体で相互依存関係が深まると同時に、実は世界全体が〈フラジャイル（脆弱）〉なもの、とても壊れやすいものになってしまったのです。今回のコロナ危機で、ようやく多くの人がこのことに気づき始めたのではないでしょうか。

これから大切なことは、**真に〈レジリエント（回復力のある、弾力的）〉な社会をつくっていくこと**です。災害や今回の感染症など不測な事態や大きな危機が生じても、社会全体が機能不全に陥るのではなく、最低限の暮らしは維持できる。ダメージを受けても、その状況から早期に、しなやかに回復できる。そんな社会の仕組みを構築することが必要だと思うんです。

水野　賛成です。災害や今回の感染症などの災難から完全に免れることは難しくても、せめて被害を最小限に抑え、そこからしなやかに復興していく術や活力を身に着けていきたいですよね。

古川　実は〈レジリエンス〉に関して考える際に、興味深い本があるんです。

井上岳一さんによる『日本列島回復論』（新潮選書）という本です。このタイトルは、いわずと知れた田中角栄元首相の『日本列島改造論』（1972年）を意識したものだそうです。田中元首相は、まだ貧しかった時代の新潟の出身です。当時の新潟は、長い冬の間は大量の雪に閉ざされ、病人が出ても病院に連れていけずに死んでいく人もいたとか。
深刻な地方の貧困を憂いた田中元首相は、日本全国に高速道路を張り巡らせ、新幹線を通し、飛行場をつくり、地方と東京を結びつけようとしました。地方の工業化を推し進め、過疎と貧困を解消し、同時に都市部の過密や公害を解決していこうとしたわけです。その志は高く、実際に彼の努力の結晶である高速道路や新幹線網の恩恵に、私たちも浴しています。

しかし、彼が望んだほどには劇的に地方の貧困や過疎化を解決することはできなかった。むしろ地方から東京に上京する人は後を絶たず、地方には東京を模した、でも東京とは違う〝ミニ東京〟が散

『日本列島回復論――この国で生き続けるために』2019年
日本を覆う閉塞的状況の打開策を「山水郷」に見いだし、山水と互助の現代的意義を追求した話題作。

在するようになりました。結局、日本列島改造論は、日本全体を画一的に開発していくことにつながり、その結果、それぞれの地域の多様性や特長が失われていき、全国各地の街並みが金太郎飴のように同じような風景が広がることにつながってしまったのです。

こうした日本列島改造論の真逆のことを提案しているのが、井上さんです。

「すべての地方が東京のようになる必要などはない。むしろそれぞれの地域の多様性を復活させよう。日本が持つポテンシャルは、地方の『山水郷』にあるのだから、そのポテンシャルを回復させることで、日本を元気にしていこう」という提言です。

水野　地方の復権を目指そうということで、『日本列島回復論』なわけですね。

古川　そうなんです。そのヒントは3・11にあったそうです。

当時、東北への幹線道路が被害を受けたことで、陸の孤島と化した集落がいくつもありました。そんな集落の一つに井上さんが一週間後に入ったところ、そこには驚きの光景が広がっていました。「さぞや大変な状況に陥っているだろう」とハラハラしていた井上さんの心配をよそに、現地では、あれほど甚大な被害を受けた割には驚くほど穏やかな暮らしが営まれていたそうなんです。

水道や電気は使えないし、物資も届いていない。だけど、水は裏山から清涼な水を汲《く》んでこられるし、プロパンガスでお湯も沸かせる。したがって料理はできるし、お風呂にも入れる。トイレは裏手の林の中で済ませられるので衛生面も問題なし。食料だって畑で育てたもので十分まかなえる。

水野　むしろ日頃から「便利さ」を享受していた都心のほうが、水も食料も手に入らず、衛生面でも劣悪な状況に置かれていました。

古川　本当にそうですよね。そういう山里に暮らす人々のほうが、いざという時には人間本来の暮らしにすぐに切り替えることができて、都会よりもずっとレジリエントなんです。『日本列島回復論』の面白さはそれだけじゃないんです。そんな山里の暮らしの豊かさを、縄文時代まで遡《さかのぼ》って考察しているところなんです。

縄文人は基本的に狩猟民族です。渡来人が稲作文化を日本に伝えて弥生時代になるまでは、日本人は狩猟採集生活をしていました。本来、狩猟時代というのは、どこの地域でもそれほど長くはないんだそうです。ところが日本の縄文時代はとても長く、およそ一万年も続きました。しかも、狩猟民族は小さな単位で暮らしていたはずですが、日本の縄文人は、かなり大きな集落をつくって生活していたことも分かっているんです。

水野 人類は狩猟採集生活から、稲作生活に移行することで、集団生活を始めていたはずです。作物をつくる必要性から、季節を読み、計画的に田植えや種まきをし、収穫し保存していった。そういった作業を効率的に行うために、労働力を集約し、組織を形成することも必要になっていった。その先に階級も生まれていきました。

古川 井上さんは、日本の狩猟採集生活が他の地域に比べて長い理由を、日本独自の自然環境に見いだしています。縄文人は、農耕文化に移行する必要性を感じないほどまで豊かな食生活を送っていたので長く続いた、というのです。

すなわち、里山は春にはさまざまな山菜や若菜が採れて、秋には木の芽や果実が豊富に採れる。海や川には魚や貝の幸があふれ、猪や鹿など山の幸もある。これなら稲作生活に性急に移行しなくても、狩猟採集生活でそれなりに十分豊かに暮らせます。

水野 四季折々の自然の恵みですね。海沿い、山沿い、平地と、日本の地形は多様性に富んでいます。

古川 そうです。縄文人は基本的に、山と平地の境目のような地域に住んでいました。その後、弥生人が入ってきて治水技術が伝わり、沼地や湿地を灌漑《かんがい》して耕地をつくることができるようになったことで、徐々に人々は山里から離れ、広い平地に出ていったのではないかというんです。

水野　日本独特の里山文化ですね。山の恵みと平地の利点、双方を利用できます。

古川　食料ももちろんですが、建築に欠かせない木材も、山から切り出せます。

そしてここからがさらに肝心なんですが、そういった豊かな里山資源に恩恵を被って、私たちはこれまで近代化を進めてきたのではないかというのです。

明治以降、こうした里山に暮らしていた人たちが、都会に出てきて働くようになりました。戦前の殖産興業も戦後の高度経済成長も、こういった田舎から都会に出てきた人々の存在抜きには成しえませんでした。

水野　都会への集団就職など、まさに里山からの〈人的資源〉の収奪ですね。

古川　私たちも学校で習った「故郷」という文部省唱歌がありますよね。「兎追いしかの山、小鮒釣りしかの川」、そんな山水郷から都会に出てきて「こころざしを果たして、いつの日にか帰らん」という歌詞にあるように、「一旗あげて故郷に錦を飾る」ことを目指して一心に働く。そうして数十年後、故郷に帰った時に、改めて、「山は青き故郷、水は清き故郷」を見いだして、心が休まる。それがかつて多くの日本人が理想としたサクセスストーリーだったのではないでしょうか。

水野　そうして改めて歌詞を考えると、切なくなってきますね。鈴木忠志さん演出の『ニッポンジン』（長谷川伸原作『瞼の母』）に通じるものがあります。この劇は何度観ても、いつもジーンとくるものがあります。地方から東京に出て行き、ふるさとに帰ってみたら、瞼に焼き付けていたふるさとが消えてしまっていた。

セルバンテスの小説『ドン・キホーテ』を基にした劇『ラ・マンチャの男』には、「事実は真実の敵だ（Facts are the enemy of truth.）」というセリフがありますが、日本は経済成長という事実の背後で、「真実」を失ってきたのではないか。経済成長を追い求めて事実を蓄積させればさせるほど、戦後見て見ぬふりをして脇に置いてきた「ニッポンジン」の「真実」からますます遠ざかっていく、それが日本の歩んできた道でした。三島由紀夫が危惧していた通りの日本になってしまった。悲し過ぎる『ニッポンジン』の結末です。

古川　そうなんですよ。もちろん、「故郷」に歌われた彼らにも夢があっての上京の決意だったでしょう。

だけど、「こころざしを果たす」ためには誰も彼も〈都会〉に行かなくてはならないという発想自体、やはり明治以降のものではないでしょうか。江戸時代まではほとんどの人は自分の生まれ育った地元で自分の〈志〉を果たすことができると考えていたのではないでしょうか。そもそも〈志〉を持たねばという発想自体、一般人にどれだけあったか。

水野　江戸時代はもちろん交通の便も徒歩ですから、移動そのものが困難です。そもそも藩の中での生活が基本ですし、身分制度が明確にあるから、現代的な立身出世という発想もほとんどなかったはずです。

古川　どちらが正しいというつもりはありません。ただ、「志」をもって、「ふるさとは遠きにありて思ふもの」というような明治以降の発想を、一度リセットしてもいいのではないかと思います。

「地方から東京に出て成功する」というコースが「正解」であり「勝ち組」という発想からいったん離れて、**本当に自分に合う「豊かな生活」、「幸せ」というのはどういうものか**を一人ひとりが考え直してもいいのではないでしょうか。

「令和の小日本主義」を考える

古川　時代を振り返る上で、一人の人物の価値を再確認したいんです。ジャーナリストで政治家の石橋湛山《たんざん》です。彼は、明治17年に生まれ、大正時代にジャーナリストとして活躍し、戦後の昭和で政治家として唯一無二の存在感を放った人物です。１９７３年に、88年の生涯を終えました。

水野　石橋湛山といえば、戦前、大陸に進出しようと軍部が力を持ち始めた時代に、断固「NO」を突き付けた人ですね。

古川　そうです。海外に資源や土地を求めて「属国化」に励むよりも、日本国内をもう一度見つめ直し、自分たちの生活を整えていくべきだと真っ向から反対しました。新聞や庶民もみな戦争に沸き立つ中で、彼のそんな声は極めて異例だったはずです。私は、当時の彼の主張が今の時代に共鳴する部分が、かなりあると思うんです。

水野　今の日本は戦争こそしていませんが、先ほどの話の流れでいう「グローバリゼーション」の波にはどっぷりと浸《つ》かってきました。

古川　まさに「外に出よう、出よう」と、目を外に向けてきたここ数十年間でしたよね。対外貿易では黒字を常に出したいし、訪日客は増やしたい、人口減少時代の労働力不足には、外国人労働者も受け入れたい。究極の〈外国頼み〉です。

水野　百貨店も、観光地も、ドラッグストアも、家電量販店も、あらゆるサービスがインバウンド需要に応えるべく力を注いできましたよね。

古川　しかし、その画期的と思われた外国頼みも、今回のコロナのような事態になったら、頼れなくなる。国としてそれは非常にリスクが大きいことが判明しました。同時に日本社

1956年12月23日、認証式に向かう石橋湛山新首相。新聞記者出身で、東洋経済新報社長、第一次吉田茂内閣蔵相などを務め、蔵相時、経済政策をめぐってGHQと対立、公職追放された。51年追放解除後、自由党に復帰したが、除名、脱党、民主党結成、保守合同とわたり、56年12月14日、岸信介幹事長を小差で破り、自由民主党の第二代総裁に選ばれる。

会のさまざまな弱点が今回の危機ではっきりし、こうした弱点を克服していかないと、コロナ後、さらに大変なことになることもわかってきました。

したがって、これからしばらくの日本は外に目を向けるよりももっと、国内への目線をより深めていくべきだと思うのです。

水野　同感です。いい意味での〈内向き〉の発想ですよね。

古川　そうなんです。そこで石橋湛山が掲げた「小日本主義」にならって、いわば「令和の小日本主義」を、私はこれからの日本は目指すべきだと思うんです。このコロナ禍を、社会のマインドを変える契機として捉えるのです。

もともとコロナ禍がなくても、世界に先駆けて人口減少・超高齢社会に突入している日本です。「課題先進国」として、**国内の社会システムや経済のあり方を本気になって見直すことを、世界に先駆けてやるべき**です。10年後、20年後に振り返った時に、「あの時が明らかな分岐点になった」といわれるように。

水野　実際に今、世界中から移民が減少しています。これまで少子化の問題を抱えながらも、積極的に外国からの移民を受け入れることで人口減を防いできた先進諸国が、今後移民を失うことで、一気に人口減の時代に突入する可能性が生まれてきました。

古川　「修身《しゅうしん》斉家《せいか》治《ち》国平天下《こくへいてんか》」という言葉がありますよね。

まずは自らの行いを正し、そして家庭を整え、その上で国家を治めてこそ、天下を平和にできる。そんな意味です。

真に国家が繁栄するためにはまず、国内の状況を整えて、人々の暮らしを安定させることが不可欠です。国内の状況が落ち着かないのに、海外に目を向けて、そこに活路を見いだそうというのは、本末転倒です。日本の長い歴史を振り返っても、積極的に海外に出ていこうとして成功したためしがありません。

水野　確かに。秀吉の朝鮮出兵や太平洋戦争などは、そのいい例ですね。

古川　歴史を振り返ると、むしろ内向きに国内に目を向けて、国の内部を整えることに専念した時代のほうが、日本は国家として安定し、社会としても文化・芸術などが栄え、人々は幸せだったのではないかと思います。江戸時代はその典型です。

水野　今の時代に通じる興味深い話ですね。いずれにせよ鎖国を選んだ江戸幕府は、その後、２６０年という長い繁栄の時代を迎えることになりました。

古川　ええ。はるか昔の663年には、現在の朝鮮半島で白村江《はくそんこう》の戦いがありました。日本初の海外出兵です。そこで手痛い大敗を味わい、日本は半島進出を諦め、国内平定に集中するようになった。

でも、それが功を奏します。隣国から侵略されないよう国の防衛を固め、戸籍を作成することで全国的な租税を実現。以降、日本は国家としての基礎を固めていきました。

思えば、日本の「外に出ていく」→失敗→「国の内側を整える」という流れは、あの時が最初だったのではないでしょうか。

水野　織田信長や豊臣秀吉も、日本の天下統一後、「果ては中国大陸まで」と野望を抱きましたが、見事に大敗しましたね。その顚末《てんまつ》を一部始終見ていたからこそ、徳川家康は鎖国路線を敷き、疲弊しきった国内を整えることに専念したということですね。

古川　江戸幕府の鎖国の理由として考えられることの一つに、当時の中国の存在がいわれています。

江戸幕府が開かれてしばらくして、中国では明朝が滅んで、清の支配が確立しています。清朝（1616～1912年）というのは、大多数の漢民族を少数派の満州民族が支配した王朝です。代表的な中国の異民族王朝といえば、モンゴル帝国の皇帝政権であった元（1271〜1368年）。そして元といえば、元寇（1274年、1281年）です。

日本は危うく彼らに征服されかかった歴史がありますからね。また彼らが強大な武力で攻めてくるかもしれない。そんな警戒心も、日本を鎖国に向かわせた背景にはあったのではないでしょうか。

いずれにせよ、基本的に国を閉じて、長い戦乱の世で疲弊した国内社会を整え落ち着かせたことにより、江戸時代は260年にわたって続きました。実は日本各地の文化や伝統、名産品などの多くは、江戸時代に生まれています。江戸の260年がいかに成熟した社会であったかが偲《しの》ばれますよね。

水野　しかし、その流れは明治維新で一気に変わりましたね。

古川　「西洋の植民地にされないように」と必死で西洋の技術や文化を取り入れていきました。

そこまではいいのですが、その後、日清、日露戦争に勝って自信を持ち、西欧列強と肩を並べようと帝国主義的発想に立って世界の分捕り合戦に参加してしまった。そして最後には、無謀にもアメリカに戦争を仕掛けてしまった。

結果、無条件降伏して占領されるという憂き目に遭いました。戦争なんてもうこりごり、まずは焼け野原になったこの国をなんとかせねば、と戦後復興が始まった。「まずは国内を整えよう」というこの戦後直後の意識が、その後の経済復興につながったとはいえませんか。

水野　外に目を向けることなどできないほど、貧しく不利な状態からの再スタートでしたからね。

古川　本当は、焼け野原になる前に、戦前、石橋湛山が主張した「小日本主義」を採用していれば、こんなことにはならなかったはずです。外地の植民地を捨てて、自国内で国力を整えようという方針を取っていれば、あの戦争はなかったはずだし、日本国民もあれほど悲惨な目に遭わなくて済んだ。

「イフ（ＩＦ）論」の類になりますが、あの時に「小日本主義」を採用していれば、サハリンの一部、南樺太と台湾は、今も日本の一部だっただろうと思います。もっとも、石橋湛山自身は、「満州も樺太も台湾も朝鮮もすべて捨てよ」と主張していますけどね。あそこで日本があれ以上の拡大路線を取らなければ……「後悔先に立たず」ですけどね。

水野　仮にそうであれば、日本のエネルギー政策も、だいぶ異なっていたかもしれません。樺太から出るガスを含めたエネルギーがあれば、日本の経済的自立をだいぶ支えた可能性がありますから。

古川　安全保障の面でもそうですよね。もし南樺太から台湾までを含めた範囲が日本の領土だったら……。現在の中国の拡張政策に対しても、事態はだいぶ異なってきます。

もちろん、歴史に「もし……」はありません。しかし、あそこで欲を出して「大日本主義」を押し通したツケは、現在に至るまで続いているんです。

水野　この「外へ、外へ」というベクトルは、安倍政権下で加速した感がありますね。

古川　その戦略自体を、見直すべき時が来ています。

先にも述べましたが、世界各国に先駆けて人口減少に突き進んでいる日本ですよ。「世界の中心で輝く国になる」なんて、そんな夜《や》郎自《ろうじ》大《だい》なことを言っている場合ではありません。もっと現実をしっかり見つめて、どうしたら今の私たちの暮らしをこれからも維持できるか、真剣に考えなくてはいけません。

バブルという名のブロック経済

水野　歴史的にはアメリカも、もともと内向きの国ですよね。トランプ大統領は「アメリカ・ファースト」を豪語していますが、実はあれも彼のオリジナル標語ではなく、アメリカ本来のポール・ポジション。そこに回帰しようというだけの話です。

古川　第一次大戦前までは、アメリカという国は「モンロー主義」、基本的に世界のことには関わらない、内向き路線でやってきましたからね。

ところが第一次世界大戦でそれまで覇権を握ってきたヨーロッパ諸国が没落し、〝図らずも〟アメリカが世界の覇権国にのし上がってしまったために、建国以来の路線を180度転換して世界情勢に関わらざるを得なくなってしまった。以来100年余り、アメリカは世界中のことに、中心的な存在として関わってきました。でも、そうして世界のことに関与し続けているうちに、気づいたら国内が大変な状況になってしまっていた。新型コロナでも、世界一の感染者数を記録し続けています。

結局アメリカは今後とも、内向きになっていかざるを得ないのではないでしょうか。もはやアメリカは、これまでと同じように世界をリードする力もなければ、余裕もなくなってきていると思います。

水野 また、アメリカという国は内向きに転じても、自力で生きられる国でもありますからね。食料自給率も高いし、エネルギーもある。

古川 そこが日本とは大いに違う点ですよ。私はアメリカだけでなくヨーロッパも、今後は内向きになっていくのではないかと考えています。

イギリスがついに、EUから離脱しましたよね。戦後、ヨーロッパは時間をかけて統合への道を歩んできましたが、これからは徐々にバラけていく動きが強くなるのではないでしょうか。ユーロもいつか崩壊する日が来るのではないか、と思います。

水野 75年前の戦争の反省から国際連合が生まれ、国際協調路線が進みました。その結果、ヨーロッパ統合が実現しましたが、今後は解体していくということですね。いや、解体というよりは、元の鞘に収まっていくイメージでしょうか。

私は将来を予想する力はありませんが、EUはフランク王国の再興だと思っていますので、イギリスは元来EUの構想には含まれていません。その証拠に、ド・ゴール（フランス第18代大統領）に共同体加盟を拒否され、ＥＣ加盟が実現するのはド・ゴールの死後です。要するにイギリス離脱はむしろ、当初の理念に近づいている。さらに、ＥＵは「平和のための戦争」を放棄したわけですから、国民国家が危機に瀕している21世紀のモデルとして参照すべき構想だと思います。

古川　なるほど。一方で、それを望まない人々も相当数いますよね。多文化共生を謳ってきたドイツやフランスなどでも、近年急速に右翼政党が力を伸ばしています。

その勢いはメインストリームにはならないとしても、拡大する格差やコロナによる経済不安から、人々の不満も高まっている。そうした行き場のない不満が、今後も移民排斥という動きなどの形で顕《あらわ》れてくると思います。

水野　しかも、国全体としてみると、貧困にあえぐ人々のほうが富裕層よりはるかに多い。多数派の声は、選挙やデモを通じて政治に反映されますから、社会的な不満の声は無視することができません。これまでの国際協調路線から分裂のベクトルに進み過ぎないか、心配ではありますね。

古川　ＥＵのよさは、経済や文化活動が自国内に限定されず、所属する域内で活性化できたことです。ですから今後の選択肢として、第三の道があっていいはず。つまり、**「世界を舞台にしたグローバル経済」と「自国内に籠るナショナル化」の中間の道**です。

ところで、この「域内」から連想することがあるんです。コロナ禍の中で、「トラベルバブル」という言葉が生まれましたよね。ある特定の条件を満たされた範囲を〈泡〉＝バブルとみなし、その中にいる人たちだけがその範囲内だけで自由に行き来をする、というものです。

水野　ああ、確か国や自治体も推奨していましたね。自粛期間中はなるべく遠方に行かず、近場の地元で行動するといったことを。「トラベルバブル」は、そうした発想から生まれた言葉ですよね。

古川　これを耳にした時、私は「フィルターバブル」という言葉を思い出したんです。インターネットの検索記録や購買記録、SNS上での言論で、今や私たちの行動や嗜好は簡単に特定することができますよね。その結果として、予めその人の趣味に合う商品などが「おススメ」として表示されるようになった。まるで見えないフィルターのおかげで、泡の中で守られながら漂うように、私たちの志向性が限定されてきています。こうした「バブル〈泡〉」の連想を広げていくと、かつての「ブロック経済」に通じていくと思いませんか。人々の思考や経済が、その〈域内で〉閉じていく。以前、経済分野で使われていた〈ブロック〉の発想が言葉を変えて〈バブル〉になっただけで、本質的なところは同じなのではないかと思うんです。

そんな「ブロック〈バブル〉」の中での思考や行動、経済が進んでいくと、どのような世界になるのでしょうか。

水野　極論すれば、ブロック化していいと私は思っています。日本ならばアジア諸国などの近場の圏内で、一種の「ブロック」を構築する。何も地球の裏側や、月まで往復するような距離を、サプライチェーンでつながなくても、十分やっていけるはずです。「域内での地産地消」とでもいいましょうか。

そもそも古代・中世の「世界帝国」、近代になるとイギリス、次いでアメリカが自分たちを中心とする「世界秩序」をつくろうとしました。ベルリンの壁が崩壊した翌年の1990年9月に、ジョージ・H・W・ブッシュ大統領が「ニュー・ワールド・オーダー〈新世界秩序〉」構想を発表したのですが、1991年1月に始まった湾岸戦争、2001年の

９・11が起きて、アメリカの「世界秩序」構想は夢と潰えました。「世界帝国」や「世界秩序」が幻想だったのですから、**国民国家を単位として近隣地域でまとまるのが本来の姿**だと私は考えています。

古川　韓国、台湾、東南アジア、そしてインド、オーストラリアやニュージーランドあたりまでの近隣諸国と、一種のブロック経済を確立していくということですか。

水野　ええ、そうです。〈ブロック化〉が唯一困難な点は、やはりエネルギー問題。化石燃料に私たちが依存しきっている場合ですよね。このエネルギー供給網が絶たれれば、再びオイルショックのような事態になりかねない。だからこそ、再生エネルギーへの転換が必然です。

食料自給率も、もう少し高めたいですよね。日本の自給率は現在、生産額ベースで６割程度です。とはいえ、日本中に休耕地がたくさん眠っています。本腰を入れて自国生産に力を注げば、他国への食料依存度は少しずつ低くなっていきます。やはりここにもトップ、つまり政府の政策が具体的に必要になってきます。

「居住面積倍増計画」と地方分散型社会

古川　〈国を整える〉という場合に、私は〈「住まい」を整える〉ことに着目したらいいのではないかと思うんです。私は以前から、池田勇人元首相の「所得倍増計画」ならぬ、一人当たりの居住面積を倍増させる「居住面積倍増計画」を実現すべきだと主張してきました。例えば日本のほとんどの家は、コロナで家に籠ろうとしても、籠れるような広さがない、というのが現実です。籠ろうとすれば籠れるような、広い「住まい」にしなければいけない。

人間にとって最も基本的なニーズは「衣食住」といわれますが、日本の場合、衣と食については恵まれているといえても、住環境についてはお世辞にも恵まれているとはいえません。かつて日本の住居は「ウサギ小屋」と揶揄されたくらいです。そのことがコロナ禍で改めて浮き彫りになったのではないでしょうか。多くの人が一斉にテレワークにシフトチェンジしたのはいいけれど、まともに仕事ができるようなスペースが確保できる家庭は一握りです。

実際、慣れぬ自宅での作業に、腰や首、肩を痛めたという人も多いとか。「家の中に静かな場所がないから、トイレでオンライン・ミーティングをしている」とか、「風呂場やクローゼットで仕事をしている」なんていう人もテレビで見ましたよ。

水野　それはちょっと、つらいですね。小さいお子さんや、介護高齢者がいると、なおさら住居環境は切実な問題です。今回の一連の報道では、「オフィス環境がどれだけ恵まれていたかを実感した」という声も聞きます。広いデスクと椅子、大きなデスクトップに、複合機。自宅にPCを持っていない若者も多かったようです。

こうした流れで危惧されるのは、コロナショックを利用してテレワークを一気に進めようとすることです。IT革命後、メールがプライベート空間に侵入してきました。私は、「メールは領空侵犯だ」と思いました。当時は民間会社に勤めていたのですが、帰宅して家族と夕食をとっている時や、夏季休暇で家族旅行している時に「仕事はどうなっているか」と会社からメールが来る。出張して支店の同僚と会食している時にもメールが来ます。今回、テレワークとなれば、家庭全体が領空侵犯されることになり、オフタイムがなくなり、〝24時間オンタイム〟になりかねません。副業を認めるのはその流れの一環だといえます。監視カメラもそうですが、危機を利用して「セキュリティ国家」にしようという目《もく》論《ろ》見《み》が見え隠れします。

古川　これまで多くのサラリーマンにとって、家は「寝に帰る場所」でしかなかったんですよ。だから住居が狭くても、さほど問題ではなかった。寝て起きてご飯を食べて、夜にはちょっとテレビを見るスペースさえあればなんとかなっていた。特に家賃の高い都心部で広い家を望むのは夢のまた夢。でも、その限られた空間で、両親二人が仕事をして、休校中の子どもたちが騒いで……となると、もはや普通には生活していられません。

もし、本気で在宅ワークを基本としていくなら、「仕事をするスペース」「勉強するスペース」「遊ぶスペース」「団欒《だんらん》するスペース」などが必要になります。

水野　でも、日本の場合はいずれ住居の4割が空き家になる試算ですよね。だから、将来的には安くマンションの隣部屋が手に入るんじゃないかな（笑）。すでに都内の一部では空き家問題が深刻ですし。

古川　東京を離れて地方に行けば、もっと安くて広い家に住めるようになります。私の友人が経営している会社で、地方で中古住宅をリノベーションして再販する事業をしているところがあるのですが、コロナ禍以降、問い合わせが急増していると聞きました。地方への移住の動きが出始めている証拠です。

水野　もともと地方都市は、中古物件ビジネスなどは未開拓でした。都心部は大手が占めていますが、地方はニッチなマーケットだった。そこに目をつけたのは先見の明がありますね。

でも、本来、**空き家問題はビジネスにするのではなく、地方自治体が借り上げて、管理人を雇用すればいい**と思います。管理人には、路上生活者や派遣社員で雇い止めに遭って住む家がない人を雇用し、給料を支払うのです。自治体が支払う給料は、のちに所有者に請求すればいいですし、何年経っても所有者が現れなければ、売却代金を充当すればいい。休眠口座より、空き家問題を先に解決しないと、「破れ窓理論」でいうように、その街の治安が悪くなり、結果的に街自体の価値が低下します。

古川　なるほど。私たちは何事に関しても、どうしても東京中心で物事を考えてしまう傾向があるんですね。今回のコロナ対応でも、私は改めてそのことに気づかされました。

例えば、私の地元名古屋で自動車部品を製造している会社の経営者から、緊急事態宣言下の2020年4月にこんな電話がかかってきたんです。

「政府や新聞やテレビなどのマスコミは『通勤を8割減らせ』と言っているけれど、もっと正確なメッセージを発してほしい」と言うんですね。「大事なことは、感染リスクの高い3密を避けることなのだから、減らす必要があるのは電車通勤やバス通勤であって、3密にならない車通勤は関係ないだろう」と言うのです。

その会社の工場に通勤する人たちはみな車通勤なんだそうです。ならば、工場の感染防止対策さえきちんと取っていれば、別に通勤を減らさなくても問題はないはず。なのに、政府もメディアも「通勤8割減」を連日強調する。「それは不正確だろう」と言うのです。

水野　もっともです。政府のイメージしている3密は、あくまでも都心部の満員電車や混雑する駅などですからね。地方の実情とはそれが乖離《かいり》していたというわけですね。

古川　そうなんです。私はその電話を受けて、確かにそうだなあ、と思いました。日本全体で考えれば電車やバスで通勤している人よりも、車通勤の人のほうが多いんだと思うんですよね。

最初の頃、私の地元の愛知県は東京や大阪に比べると感染者が少なかったんです。その理由の一つは、愛知県が「クルマ社会」であるからではないかと私は思っていました。
水野さんもよくご存じの名古屋の中心部、栄にある三越に買い物に行くのでさえ、多くの人は電車やバスではなく、自動車で行くんですね。うちの妻なんかもそうです。バスや地下鉄でも行けるのに、しかも土日など駐車場待ちを何分もしなければならないのに、それでもドアツードアで行ける自動車を使う、それが多くの人の行動様式なんです。
水野　なるほど。東京在住者で、銀座の三越に自動車で行く人はほとんどいません。通学も通勤も週末も、ほとんど電車ですから。
古川　東京で生まれ育った人の場合には、免許証を持っていない人もいますよね。免許がなくても全然困りませんから。
水野　そうかもしれません。若者の自動車離れも進んでいますしね。自動車というのは、近代社会の「より速く、より遠く、より合理的に」の行動原理を個人で実施するのに最もふさわしいものでした。若い人が自動車免許を取らないというのは、将来的にとてもよい流れです。今の若い人が社会の中枢になった時、「**より**ゆっくり、**より**近く、**より**寛容に」の社会が実現できると期待しています。

古川　そう考えると今回の感染症って、人口密度の高い都会ほどリスクが高いんです。ある意味、「東京一極集中」の弊害をあぶりだしたのではないかと思います。

水野　同感です。「大都市一極集中」社会の見直しは、感染症対策にとっても意義のあることですよ。

古川　私は2020年3月から4月にかけて、東京でコロナ感染者が急増していた時期は地元に帰ることができず、週末もほとんど東京で過ごしていたんです。そして議員宿舎のある赤坂界隈を運動も兼ねて散歩していたのですが、ほとんど人がいない中、清々《すがすが》しい空気を吸いながら、満開の桜や新緑を眺めながら歩くことができました。

人が少ない東京の街は快適ですよ。やっぱりどう考えても東京は人が多すぎます。そして人口密度が高過ぎるために密を避けることが難しく、それゆえコロナを封じ込めることがなかなかできないのだと思います。緊急事態宣言終了後に全国に広がったコロナウイルスのDNAを調べると、みんな東京由来だというのを聞いたことがあります。つまり人口減少が進み、人口密度が高くない地域ではコロナ感染のリスクは非常に小さいということなのです。

日本は人口減少が進む中でも東京一極集中が進み、その一方で地方の過疎化には拍車がかかって、日本全体で見ると人口分布が極めてアンバランスになっています。感染症対策のために「3密回避」が不可欠となった今は、こうしたこれまでのトレンドを変える絶好の機会ではないでしょうか。

水野　同感です。日本の人口減少はもはや避けられないとしても、せめて人口の偏りによるひずみはどうにか変えてゆくべきです。

古川　2020年2月の終わり頃に、安倍前首相が突然に全国の学校の一斉休校を求め、3月から一斉休校に入りましたよね。あの時、長野選出の議員が私にこぼしたんですよ。「うちの選挙区内の学校は、もともと子どもの数が減って生徒数が少なく、中には全校生徒合わせて十数人なんて学校もある。もとから密になりようがない環境で授業しているのに、そんな学校まで含めて一斉に休校する意味はまったくないんじゃないか」と。本当に、その通りだと思います。日本全体で考えると人口が密なところは東京中心にごく一部だけなんです。それなのに、いかに何事も東京中心で考えていることか。

水野　一方、都心部とその近郊地では、毎日の通勤地獄が世界的に有名です。

古川　毎朝、3密どころか殺人的レベルの満員電車にギュウギュウに詰め込まれて出勤を余儀なくされている人が大勢います。片道1時間半かかるとすると、往復で毎日3時間。仮に一日10時間働いて、さらに通勤に3時間もかかったら……。平日は、自分や家族のための時間なんてないに等しいですよね。

水野　そのことは知りながらも「仕方ないこと」と諦めて生きていた人々にとって、今回のコロナによる在宅勤務は大きな気づきになったはずです。

古川　長時間労働や長時間通勤が日本人の生活から消えたなら、あるいはリモートワークが常態となったならば、家族のあり方や地域社会もだいぶ変わってくるはずです。

以前、当時大阪大学総長だった鷲田清一先生から、こんな話を聞いたことがあります。

「江戸時代は多くの人が自宅で仕事をしていたから、子どもは親が仕事をする姿を見ることができた。だから、親に対する尊敬の念も自然に育っていった」と。

でも、今はどうでしょう。私自身も含めて、自宅での父親の姿なんてロクなもんじゃないですよね。ウチに帰ればパジャマ姿でゴロゴロしているか、深夜に酔っぱらってグデングデンで帰ってくるか。それで子どもたちに尊敬してもらいたいと思っても、とうてい無理ですよね（笑）。

水野　自粛期間中には、旦那さんが家にいることでストレスがたまったという奥さんもいたようですが、反対によかったという話も耳にします。

「お互い、普段見られなかった家族の様子を知ることができた」とか、「お父さんの仕事姿を子どもが初めて見ることができた」というような声です。見知ったはずの家族の知らなかった一面を発見できた喜びですよね。

古川　家族の関係性が変わることで、地域社会も確実に変わると思います。

今、地域の担い手がどんどんいなくなっているんです。町内会などの役員や消防団員など、地域の支え役をやってくれる人が減っている。これまでこういう役柄は地域の個人商店や中小零細企業の経営者などが中心になって担っていたのですが、高齢化や後継者不足、そして大手企業に淘汰《とうた》されたりで、こうした個人商店や中小零細企業が次々と減ってしまっています。そのため地域の担い手がいなくなりつつあるのが現状です。

地域の担い手というのは、サラリーマンではなかなかやれないんです。平日の日中は別の場所に働きにいっている人にはどうしても難しい。この状況が続くと、地域のさまざまな行事ができなくなってしまいかねません。地域行事はいうまでもなく、地域の絆を強めることにつながっていて、とても大切なものなのです。リモートワークの人が増えて、こうした人たちの中から地域の支え役に手を挙げてくれる人が出てきてくれるようになったらいいのですが……。

水野　たかが祭り、たかが防災訓練、と侮ってはいけないということですね。子どもたちが地域社会で安全に暮らすには、住民の見守りの目が欠かせませんし、いざ大規模災害発生ともなれば、それこそ地域の人々の互助が大切になってきます。

「あそこのお年寄りは大丈夫だろうか」「あそこは小さい赤ちゃんを抱えていたから助けなくては」といった個別の気づきが、社会の持続につながります。これまでの災害でも、こうした教訓はいくつもありました。

古川　そのような形で地域社会が機能することが、先に述べた〈レジリエンス〉な社会につながります。社会や経済の〈レジリエンス〉性を高めるには、私たちが暮らす足元の地域社会のあり方から見直していかなければならないのです。

私は日本の「国のかたち」をもう一度、明治維新以前の江戸時代のような分散分権型にすべきだと考えています。〝ミニ東京〟を日本全国につくるのではなく、それぞれの地域の特色を生かしたオンリーワンの町づくりをしていく。日本全国を巡ると、そこでしか見られない街並みや暮らし方に出会える、そんな日本になればいいと思うんです。そのほうが東京から移住したくなる人が増えるだろうし、それこそ海外から訪日客が戻ってきた時も、地方個別の特色が相俟《あいま》って日本の魅力がさらに高まるのではないでしょうか。

水野　チェーン店のように、日本全国一律、どこに行っても同じような風景が広がるのではなく、地方独特の風景や驚きを味わってみたいですよね。

化石燃料の枯渇を考えたら、〝ミニ東京〟は最悪です。高層ビルやタワーマンションを建てたり、地下鉄を通したりするのが都市的だなんてならないようにしなければいけません。なぜならこれらは、最もエネルギーを消費するからです。

〈ジャスト・イン・タイム〉から〈ジャスト・イン・ケース〉へ

古川　コロナ禍でテレワークが進んだことで、労働に対する〈賃金〉のあり方についても議論されるようになってきました。例えば、自宅で仕事をする間の光熱費や、事務機器代はどうするのか。残業代はどう計算するのか……など。

これまで日本の多くの会社では、会社に〈滞在〉することに対して賃金が支払われてきたという面が大きかったと思います。それがテレワークになると、賃金体系が完全に能力主義、成果主義になっていくのではないか、そうなると以前よりも給料が下がる人が多く出てくると思うんです。解雇される人も増えてくるのではないでしょうか。

水野 そうですねえ。しかし、ホワイトカラーの能力差なんて、実際には測りようがないんじゃないですか。営業職などは比較的分かりやすく成果が数値化されますが、例えば人事課や総務課、そういった部署の人たちの能力差などは、どうやって測ることができるのでしょう。

古川 仕事を要領よくさっさと片づける人か、そうでないか、ぐらいでしょうか。「これを処理してください」と指示したのに、いつまでたってもやらない人と、てきぱき片づけてくれる人との違いはありますよね。あるいは、一生懸命やっていてもどうしても要領の悪い人、というのもいます。

水野 そういった僅差の〈能力差〉は、昇進で差をつけるぐらいにすべきではないでしょうか。同じ立場の社員には〝できる人〟も〝できない人〟もいます。でも、全員が120%の能力をフル発揮できる必要もないのではないかと、私などは思うんですけどね。

組織には、ある程度の多様性が必要です。ある意味〝できない〟人にも、その人なりの存在価値がある。普段はなんだかイマイチでも、いざという時に思わぬ才能や能力、発想力を発揮するような人もいますから。

〝できる〟人ばかりを集めてしまうと、組織全体の多様性が失われ、画一的なアイデアしか出てこないこともあります。ですから一律に〝できる〟か〝できない〟かで、給料にあからさまな差をつけるのはやめる。能力差は、長期的視点による昇給制度などで判断していくべきだと思うんです。

そうでないと結局、〈派遣〉問題の再燃になりかねません。派遣制度の悪しき考え方が正社員にまで及ぶ、という意味です。つまり、「会社にとって目先の利益を生み出さない人間は不要」という新たな常識ができかねないという危惧です。

古川　おっしゃることはよく分かります。働きアリの巣の中にも、サボっている個体が全体の2割程度は必ずいるそうですし。人間社会とアリがよく似ているといわれる所以《ゆえん》でもある（笑）。ここから得られる教訓は、仮に〝働かない〟個体を〝働く〟マジョリティがいじめて追い出してしまうと、マジョリティが力を失い始めた時点で、その集団は自滅していくということかもしれませんね。

水野　組織は常に、ある程度の余裕を持っていないと、危機の時に対応できないということですね。

古川　確かに。これまで私たちは一貫して〈効率化〉を追求してやってきました。あらゆることが〈ジャスト・イン・タイム〉で、一切の無駄を排するのがいいことだと思い込んできた。「必要なものを、必要な時に、必要な量だけ」という発想です。

今回のコロナで改めて私たちが気づいたのは、これからの社会は〈ジャスト・イン・ケース〉、つまり「万が一に備えて」という発想を持って、一見、無駄と思われるような余裕がある体制を構築していかなければならないということです。平時に最も効率的な体制を築いてしまうと、いざ有事の時には、それでは立ち行かなくなってしまう。実はそんな現実を、私たちはここ数年でもうイヤというほど見てきているんですよね。

水野　今回の新型コロナもそうですが、近年は日本のどこかで毎年災害が起きていますよね。平時にのみフォーカスするのではなく、有事についても常時考えていないと、その都度「未曽有の災害」にあたふたすることになります。今後は今までよりも、**最悪の場合を常に想定するといったリスク・コミュニケーションがとても重要**になります。

古川　この間、私は地震や大雨、そして台風などで大きな被害が出た後には必ず被災地に赴いてきたのですが、そうした場合、平時の〝余裕〟が、こういう有事には大きな力になることがよく分かるんです。

例えば、ある被災地の町長さんからこんな話を聞いたことがあります。災害の後、最も復旧が速かった携帯電話はNTTだったというんですね。これはおそらくNTTが他の電話会社よりも、保守管理要員を多く抱えているからではないでしょうか。民営化されて効率化が進み、国営時代に比べれば人員は大きく減ったとはいえ、それでもまだ他社よりは人が多く、特に保守管理のような大事な部門の人員は比較的手厚く残っているんではないかと思います。一方、後から電話事業に参入した企業は、最初から徹底的に効率化を図っていますから、こうした保守管理部門に充てる人も必要最小限にとどめているので、有事になるとどうしても復旧に時間がかかってしまうのでしょう。

水野　ダブついた人員を抱えている企業は、平時には「ぬるい」経営と見なされがちですが、その余裕こそが、災害時などに発揮されるということですね。

古川　そうなんです。そういう余裕は平時だけ考えれば〝無駄〟に見えますが、有事まで含めて考えればちっとも無駄じゃない、むしろ必要なんですね。

今後は、**有事に備えたコストを「組織レベルでどう受け入れていけるか」が課題になっていく**でしょう。平時は〈安さ〉や〈効率性〉の追求のみで済んでも、いざという時にそのツケが回ってきて、結局、長い目でみれば、それは安くもなく、効率的でもない。そうした共通認識をどれだけ社会全体で持てるか、でしょうね。

水野　象徴的なのが、カルロス・ゴーン氏かもしれませんね。一時期はコストカットを断行した彼の手腕がもてはやされました。**余力を無駄と断じてコストカットしてきたツケは、本人の不正も含めて「凶」として可視化**されました。

古川　実際に、短期的には大成功と見られていましたからね。しかし長い目で見れば、どこか不自然であり、無理をしていたということでしょうか。「備えあれば憂いなし」の〈備え〉がないと、結局いざという時に、逆に多くの余計なコストをかけなくてはならない事態に陥ります。

水野　まさに〈レジリエンス〉の分野ですよね。しなやかに回復する力、一言で言えば、それが〈レジリエンス〉の定義です。

人間でも、社会でも、世界秩序でも、効率性だけを求めるのではなく、災難が降りかかった時にどう回復していけるか。それが今後の人類存続のカギとなるのではないでしょうか。

古川　有事は必ず起きます。どんなに備えてもそれを100％防ぐことはできません。しかし起きた後にどうするかは、私たち人間の努力次第ということですよね。

水野　まさにそうです。例えば世界的な不況があるとしますよね。そこで社会や国家同士が、助け合って立ち上がろうという意思があれば、時間はかかっても回復していけると思うんです。

そうではなく「自分たちだけ助かればいい」と利己主義に陥れば、目に見える形で不均衡が生じます。それを社会のトップが「無視すればいい」とばかりに、「自己責任だ」「自助の努力を」と求めるのは間違っています。

たまったひずみは、必ずや大きな揺り返しを生みます。社会の不安、不満、鬱屈が、テロや暴動、戦争につながっていったことを、私たちは過去の歴史でさんざん学んできました。それらはある日突然、青天の霹靂のごとく降ってくるわけではありません。必ずや下地や前兆があるのです。

誰かが大いに得をする反面で、必ずどこかにそのしわ寄せが生まれている。どこにどう、現れているのか。日本ならば、派遣であり、失業者であり、ホームレスであり、被災地の人々であり、日々の暮らしに不安を抱いている低所得の人々です。数は少ないながらも、移民の人々もそうですね。

世界においては、移民、難民、黒人、低所得者、旧植民地の人々、飢餓や干ばつに苦しむアフリカの人々です。そういった人々の不安や不満が、黒人差別に対する「BLM（Black Lives Matter）」のデモや右翼の暴動につながっている。これらは別々に起こっていることではなく、すべて地続きなんですよ。コロナ禍における人災の面も、資本主義の行き過ぎも、デモも戦争も個別の問題ではありません。

〈幸せ〉のそれぞれの基準を知る

古川　私はエイズやマラリア、結核などを世界的に撲滅するための取り組みを行っているグローバルファンドを応援する活動をしています。

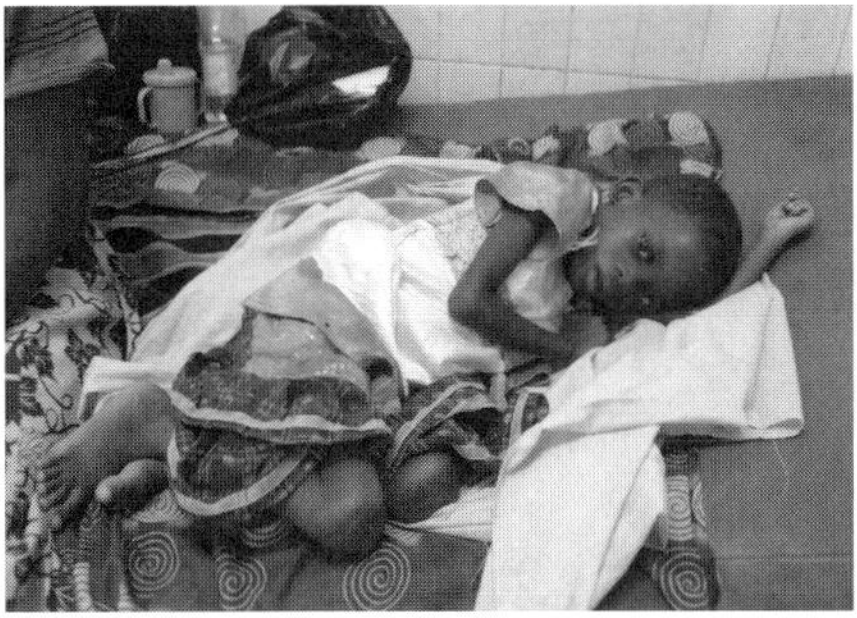

2020年３月、アフリカ西部のブルキナファソで、マラリアに感染し病院のベッドに横たわる女児。

先日、オンライン・ミーティングでアフリカの新型コロナの感染状況についてヒアリングしたのですが、アフリカのようなところでは感染がいったん広がりだすと、それを食い止めることは極めて難しいんですね。

水野　先進国ですら、コロナの感染拡大による医療崩壊が不安視されていますが、もともと医療機関が非常に脆弱《ぜいじゃく》な地域がアフリカにはありますからね。ちょっとした影響でも、医療は簡単に崩壊してしまいます。

古川　そうなんですよ。その上、これまで何年もかけてエイズやマラリア、結核といった感染症を少しでも減らそうと努力してきた人々がいるのですが、コロナでそういった活動はすべて中止に追い込まれました。感染拡大防止のため、多くの地域が立ち入り禁止になったからです。そのためにせっかく少しずつ減ってきたエイズやマラリア、結核といった感染症がまた増え始めつつあるというのです。

水野　コロナ感染ももちろん心配ですが、致死率からいえばエイズ、マラリア、結核のほうがはるかに高いですからね。

古川　コロナ・パンデミックで見えてきたのは、世界的にも、最も弱いところが最大のダメージを受けるということです。結局、人類は平等ではないんですよね。だって、今や先進国も自分たちのことで精一杯で、「こんな時にアフリカのことなんか考えている余裕はない」という感じです。

それどころか、先進国は日本を含めてワクチンができたら、真っ先に自分たちの国民の分を確保しようと躍起になっています。弱者のことを考える余裕を、今やどこの国も失いつつあります。

しかし、グローバルファンドの事務局長ピーター・サンズ氏が言っていました。「この状況を放っておけば、結局、コロナも含めたあらゆる感染症が、アフリカなど貧困国から再び世界へと広がっていく。したがってこれは単にアフリカだけの問題ではなく、世界全体の問題だ。みんなで協力しなければ、世界はどんどん悪い方向に向かうだろう」と。まさにその通りだと思います。

水野　非正規雇用についても、アフリカなど途上国についても、問題の本質は同じではないでしょうか。〝弱者〟を救うのは、彼らが「かわいそう」だからではありません。その存在を放置しておくことで、社会全体が脆弱なものになるから、です。他人事としてではなく、自分事として、あらゆる貧困の問題に取り組む覚悟が今、世界中で問われています。

古川　そもそも、ついこの間までは「アフリカは最後に残されたフロンティア」だと世界中が熱い視線を注いでいましたよね。中国をはじめ、先進諸国が資金を投資して利益を上げようとしていたのに、風向きが変わるとサーッと潮が引くように消えていってしまう。

そういう姿を見ると、確かに〈派遣〉労働者に対する接し方と同じですね。自分たちの都合で、利用する時は利用しておきながら、都合が悪くなると切り捨てる。

水野　そうですね。だから彼らは「コロナだから」苦境に陥っているんじゃないんです。

もともと苦境に生きていた。それが最後の一押しをコロナにされただけなんですよ。だから私たちが解決すべきはコロナ禍というよりも、前提となっているその状況です。

そもそも平時であっても生命の安全が保障されていないのが、アフリカに住む大勢の人たちですよね。コロナ禍以前から乳幼児の何人かに一人が死んでしまう社会。乳幼児期に病気になってしまったら、もう死ぬしかありません。なぜなら医者に診てもらうこともできないから。ちょっと熱が出たら、急いで近所の小児科に駆け込める日本とはまったく違う世界です。

乳幼児の死亡率をできる限り下げる、それが〈幸せ〉の最低保障レベルではないでしょうか。そして、アフリカなどの土地で乳幼児の死亡率が高いことに対して、本来ならヨーロッパやアメリカはもっと責任を持たなくてはいけないはずです。彼らこそが、長年奴隷貿易や植民地政策で彼の地から利益を上げてきたのですから。

サハラ砂漠以南のアフリカ地域で絶対的貧困（一日当たり1・9ドル、購買力平価換算）の状態にある人は、2018年で4・3億人です。リーマン・ショックの前年の2007年、世界の景気が好調だった時に4・0億人でしたので、11年の間に3000万人も増加しています。世界銀行はサハラ砂漠以南に住んでいる人の中で、貧困率が50・0%(2007年)から40・2%(2018年)へと低下したと公表していますが、絶対的貧困者の人数は公表していません。それでは事の本質に行き着けない。**割合が問題ではなく、あくまでも人数が減少していなければ**いけません。

しかも、2010年にはNHKが「アフリカンドリーム」と題して、特集を組んで「ようやくアフリカは『暗黒の大陸』から『希望の大陸』と呼ばれるようになった」と言っていました。しかし、世界銀行の数字では、今のアフリカはグローバル化の搾取の対象になっているといえます。

古川 現在、ヨーロッパやアメリカで起きている人種差別の根源は、西欧諸国の植民地政策や奴隷政策に遡れますからね。やはり歴史のツケは回ってくるということです。

水野 新大陸発見の功労者コロンブスも、今後は「英雄」ではなくなるかもしれません。西洋諸国の白人にとっては〝英雄〟でも、もともと現地に住んでいた先住民にしてみれば、単なる〝侵略者〟〝略奪者〟に過ぎませんから。

古川 それでいうなら、今の中東の混乱も、その根源はヨーロッパにあります。映画『アラビアのロレンス』（1962年）では、主人公のイギリス陸軍将校が、オスマン帝国からのアラブ独立に協力したとしてずいぶん美化して描かれていますよね。でも、当のイギリスはアラブ側にもユダヤ側にも都合のよい嘘を重ねて、自分たちの利益を図った。二枚舌どころか三枚舌外交で、戦後の中東問題の火種をつくったわけです。

さらにいえば、そもそも〈国境〉などの概念が希薄な遊牧民族の国に、無理に国境線を引いた発想そのものが、間違っていたと思います。

水野 〈国境〉については、16世紀後半、フランスの思想家ジャン・ボダンがその概念を提唱し、ホッブズが『リヴァイアサン』（1651年）で国境内での生命安全保障のために国民国家の枠組みをつくったのですが、それはオランダ独立戦争や30年戦争といった当時の世界大戦を終わらせる〝緊急避難〟としての提案だったと思います。世界帝国が平和を実現できず、〈国境〉という概念を持ち出して平和をもたらしたわけですから、それはすばらしいことです。

ただ、古川さんがご指摘の通り、〈国境〉をヨーロッパ以外にも一律に適用したことが問題でした。仮にそれをするなら、世界秩序に責任を持つ主体を創設すべきだった。国際連盟や国際連合ではまったく機能を果たせませんでした。結局、ヨーロッパがアフリカを植民地にして勝手に国境線を引いたことが間違っていたと思います。

ヨーロッパの人々は、中世時代、いやもっと遡って、ローマ時代から城壁という「線を引く」概念を強く持っていました。城や町を城壁で囲む、という行為です。それをそのままアジアやアフリカ、中東に持ち込んで、紛争の種をまいたともいえるでしょう。

古川 竹島や尖閣諸島など日本海や東シナ海に浮かぶ島々の所属についても、アジア地域に〈国境〉という概念がヨーロッパから入ってくるまでは、どの国もほとんど関心がありませんでした。それぞれの国の漁師たちが、たまに立ち寄る島、いわば共同所有島のような感じで利用されていたんです。そこに西洋的な厳密な〈国境〉の概念が入ってきて初めて、アジアの国々も国境を意識するようになりました。その中でも最初に西洋の概念を取り入れた日本が他国に先駆けて、この概念に沿って国境を定めたのです。

水野 そういう意味では、さまざまな概念が文明開化と共に、怒濤《どとう》の如く日本に輸入されてきましたよね。

古川 〈勤労〉の概念もヨーロッパから持ち込まれたものです。マックス・ヴェーバーは

『プロテスタンティズムの倫理と資本主義の精神』（大塚久雄訳／岩波文庫）を1904年に記しました。キリスト教者が生まれながらに持っている〈原罪〉を贖《あがな》うために、〈勤労〉すべしという考え方です。

しかし、これはキリスト教国には馴染《なじ》みのある考え方かもしれませんが、私たちにはどうもピンとこない。アジアやアフリカ、インドなど、他宗教の国にとっては必ずしも親和性のある発想ではないんです。

水野　少なくとも〈原罪〉の概念はありませんからね。それでも〈勤勉に働くべし〉という表層部分だけは刷り込まれてしまった。

古川　そもそも豊かさの考え方自体、国や民族によって異なるものです。にもかかわらず、世界中が同じような豊かさを追い求めること自体、無理があるのではないでしょうか。

水野　日本には日本の、韓国には韓国の、タイにはタイの、アフリカにはそれぞれ各地域での〈豊かさ〉や〈幸せ〉がある。それらのあり方は、おそらく本来異なっているはずですからね。

一つ気になるのは、幸福を計量化する動きです。ヨーロッパ人はなんでも数量化しようとします。14世紀前後に、ヨーロッパでは「数量化革命」が起きました（アルフレッド・W・クロスビー『数量化革命』紀伊國屋書店）。機械時計と大砲がヨーロッパで最初につくられ、「時間と空間」がはっきりと意識されるようになりました。同時に利息の付くおカネという〈キャピタル（資本）〉概念が誕生し、それまで厳禁だった徴利が認められるようになりました。資本が追放された神の代わりとなったのです。つまり、「数量化革命」が資本主義を生んだのです。

幸福の数量化が進むと、資本の概念に取って代わって数量化された〈幸福〉が主となり、人間が従となります。これは、資本の操り人形が資本家であるのと同じ構図です。〈幸福〉は〈神〉と同じように見えないもの、あるいは心像（ファンタズマ）にしておくのがいい。ですからこれからは、文化芸術によって五感を鍛えるしかないと思います。

古川　そうですよね。万人が同じ〈豊かさ〉を求めて必死に働くのではなく、自分にとっての〈豊かさ〉〈幸せ〉とは何か？　を考えたいですね。

もちろん、人によって〈豊かさ〉は違います。ある人は高級ブランドや社会的ステイタスを求めるかもしれません。仕事そのものが楽しいという人もいる。だけど、「仕事はそこそこで、家族と一緒に過ごしたい」「都会ではなく田舎でのんびり暮らしたい」「四十代まで思い切り働いて、五十代からは第二の人生を送りたい」あるいは「二十代は海外でいろんな体験をしたい」という人もいるでしょう。

幸せのカタチは人それぞれ。それに応じた働き方があってしかるべき。そういう多様な生き方、働き方を可能とするような社会であるべきです。

水野　働き方の多様性、生活の多様性、そして人生の多様性ですね。

画一的な人間しかいない社会は、歴史的な転換期にも対応していく力が弱い。〈レジリエンス〉を育てるためにもぜひ、多様性をキーワードにこれからの社会を育んでいきたいものです。

ただし、ここでも気をつけるべきことがあります。多様化を認めることは重要ですが、企業がそれをリストラの手段に応用してきた事実は見逃せません。つまり、働く人のニーズの多様化に応えるという名目で、企業はそれを逆手にとってリストラを実現したんですね。ですから、「多様化を進める主体は誰なのか」を明確にする必要があります。**それは企業ではなく、働く人が主体であることが最も大事**です。

消費冷遇措置の末路

古川　２０１９年末に、日本経済新聞が一週間くらいかけて「安いニッポン」という特集記事を組みました。

その記事では日本の物価や給料、そうしたものが他国と比べると今や安くなっている。ありていにいえば、「円の実力が落ちている」という内容でした。しかもそれは、欧米など先進国に対してだけではなく、アジアの国々と比べても同傾向にあるという、とても衝撃的な内容でした。例えば、同じダイソー商品の各国価格を比べると、日本のダイソーの価格が一番安いんです。

水野　すみません、読んでいません。日経新聞は「株が高ければすべてよし」の論調が目立って、とてもクオリティ・ペーパーとはいえないと思います。しかも、最近はフィナンシャル・タイムズ（ＦＴ）の記事を流用してきて横を縦にしています。多額の資金を投入してＦＴを買収したはずなのに、どうしてイギリスのグローバル化のいち宣伝部になってしまうのでしょうか。

古川　手厳しい評ですね（笑）。ところで、現在の円ドルの為替レートを見ると1ドル＝100円強ですが、私が27年前にアメリカに留学していた時と現在では、あまり変わっていないんです。当時も1ドル＝100円強でしたから。

この間に大きく変わったのは日本円の実質的な〈価値〉です。当時の1ドル＝100円は、日本人にとってはけっこうな価値がありました。それが今や、なくなっている。一昨年、アメリカのNYで生活している友人からも、「とにかくアメリカは物価が高くて、大変だよ」という話を聞きました。

例えば、かつてNYに在勤する日本人のビジネスマンの多くは、NYの北のウェストチェスターというところに住んでいたんです。ところが今や、ウェストチェスターの家賃は高過ぎて、駐在する日本人は住めなくなっているそうです。

また日本人のソウルフードのラーメンの値段も高騰していて、NYの一風堂で食べようとすると、一杯21ドルとかするらしいです。

水野　一杯2300円のラーメンですか……。なかなかの高級食ですね。

古川　でも「アメリカ人は普通に食べているんだよ」というのです。

私が滞在していた27年前のアメリカには、一風堂はありませんでしたが、めんちゃんこ亭というラーメン屋さんがありました。そこでのラーメンが、だいだい7ドルくらいだった。つまり、日本でラーメンを食べるのとあまり大差ない値段で、アメリカでもラーメンを食べられていたんです。ところがそれが今や、3倍の21ドル。これが意味するところは、この間、円の価値が大きく下落してしまったということです。

水野　その通りです。問題は円が過小評価されていることです。日本は戦後一貫して投資と輸出を優遇し、消費を冷遇してきました。輸出優遇としての金融政策ですから、往々にして金融緩和政策になりやすい。黒田東彦日銀総裁の「異次元金融緩和」政策がそのいい例です。

弱い円ですから、個人は外国に行っても消費を我慢しなければなりません。ドイツのように、通貨高でも通貨安でも経済に中立な体質に転換することが必要だと思います。

古川　そうですね。日本ではこの27年間、デフレで物価がほとんど上昇していなかったのに対して、アメリカでは物価が上がり、それと同時に賃金も上がっている。ラーメン一杯が21ドルもしたら、さすがに27年前だったらアメリカ人もなかなか食べられなかったと思

います が、今なら食べられる。

なぜなら彼らの給料は、当時よりずっと上がっているから。彼らは高いラーメンを食べている実感はなく、ごく常識的な値段のラーメンを食べている感覚なわけです。

水野 日本で生活している分には、そのことにあまり気づきませんね。つまり、円の価値が他国と比べて落ちているという実感が湧かない。日本ではここ30年近く物価も上がっていないし、給料も増えていないんです。例えば、ラーメン一杯、牛丼一杯、定食一食、ペットボトル一本、牛乳一本などの生活費や食品の価格がほとんど据え置かれています。

それにしても、アメリカ人は懐を痛めることなく食べられる一杯のラーメンが、日本人には高級過ぎて食べられない。衝撃の事実ですね……。

こうして政府・日銀の円安政策と企業の賃下げで、日本人は生活を楽しめないような仕組みが出来上がっています。仮に2割円高になり、1997年からの賃下げがなかったとしたら、12％だけ実質賃金が増えます。どこの国でも外国料理は1割程度のプレミアムがつくでしょうから、合計で4割強調整すると、2300円のラーメンは1300円となります。日本でいう〝ちょっとした高級ラーメン〟あたりに落ち着くでしょうか。

古川　そうですね。とにかく日本は今や、世界の中で貧しい国になりつつある。残念ながら、これが現実です。

ですから、「最近の若者は海外に行かなくなった」とずいぶん前から言われるようになりましたが、実は「行かない」のではなく、「行けない」んだと思うんですよ。海外で暮らすのはもはや若者にとって高価で贅沢なものになりつつあるんです。

くどいようですが、27年前は違いました。日本から海外に行くと、大抵の物は「安い」と感じたんです。それだけ円の価値が高かったんです。

水野　**日本人を貧乏にしたのは企業優遇の政策の結果であって、日本人が怠けていたわけではない**と思います。企業優遇政策は1990年代に役割を終えたにもかかわらず、21世紀になって「構造改革なくして成長なし」が政権のスローガンとなりました。

これは、フェイクスローガンであって、トランプより先に日本にもそういう政治家がいたのです。正確には、「働く人の犠牲なくして資本の成長なし」という意味だったのです。そういう点では日本人は犠牲者なのです。

古川　どんどん海外に出ていって「強い円」の恩恵を受けていた日本の立場は、今は真逆になりました。政府はインバウンドがどんどん増えていると胸を張っています。そしてその理由をしばしば「日本に魅力があるから」と言っています。しかし私はそうではなく、これだけインバウンドが増えている理由は、「日本が魅力的」以上に、「日本が安い」ことが大きいと考えています。

もちろん、日本の文化や食、歴史などに魅力があるのも事実です。でもそれ以上に、日本は品質もサービスもよくて、それでいて〈安い〉のですから、私からすれば「来ないほうがおかしい」くらいに思います。銀座で爆買いするアジア人のことを、「マナーがなっていない」「成金」と冷笑している人もいましたが、本当はそんな上から目線をしていられる立場では私たちはもはやないんです。

水野　これは近代化をフルスピードで走った国特有の変化でもあるのです。ヨーロッパは300年かけて徐々に近代化したので、変化もまだ緩やかです。ですが韓国のように、日本以上に短期間で近代化した国の変化はすさまじいものです。「合計特殊出生率（一人の女性が生涯に出産する子どもの平均数）」が世界で一番低いのは現在、韓国です。日本が1・36（2019年）なのに対して、0・92。急速に国が高齢化しているのです。階級差も如実に生まれています。サムスンのような大企業で働ける人は一部で、あとは大学を卒業しても就職口が優良企業とは限らない。それが韓国の実情ですが、それに続くのが日本です。

ところで、欧米人が「日本化」（ジャパナイゼーション）と言う際に、額面通り受けとってはいけないと思います。「日本化」と言えば、ヨーロッパが発明した近代化の失敗を覆い隠すことができてしまうからです。

日本の10年国債利回りがマイナスになったのは、2016年でした。これにドイツとフランスが続き、マイナスとなりました。近代化とは、いわば「手づくりを極力排して機械化する」ことで、来年の生産量を増やすことです。機械は人間がつくるわけですから、必ず過剰になります。キリスト教の根本思想に人類の「救済」（＝コレクション）があるからです。過剰なほどに備えていないと「救済」できない、という根本思想です。

もっとも、どの国も同じ近代化のルールで走っていますから、遅かれ早かれ同じ問題に直面します。世界中が〈ゼロ金利〉になると思います。

古川　コロナ・パンデミックでは、アメリカの貧富の差も露呈しました。医療保険に加入していない貧困層は、病院に行くのも躊躇《ちゅうちょ》する。それが、感染拡大にもつながりました。

米国の政策金利の推移　誘導目標の中央値

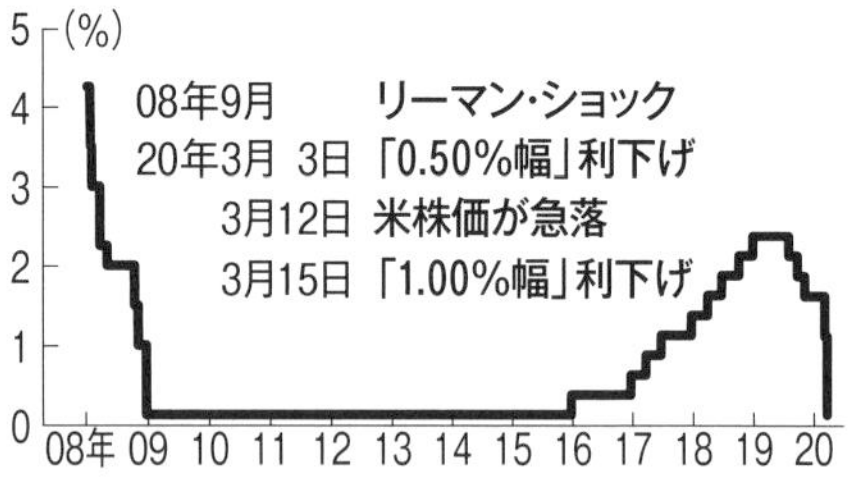

2020年３月、FRB（米連邦準備制度理事会）は、新型コロナウイルスの感染拡大による金融市場の動揺を抑えるため、1.00%幅の利下げを決め、約４年ぶりに「ゼロ金利政策」を導入。

世界の発展途上の国々はいわずもがなです。

水野　ピケティも指摘していますが、「クズネッツ理論」など、所詮はあり得ないという話です。〈雁行《がんこう》型経済〉、つまり日本のような先進国が先頭を走って経済を牽引すれば、他のアジア諸国もついてくるという理論です。余談ですが、クズネッツ自身も教室では「雁行型発展論」を提唱しながら、教室を一歩出ると「あんなの、嘘だ」と言っていたというから始末に負えない（笑）。

だから世界全体を底上げする仕組みはいまだ見つかっていないし、たぶん存在しないんです。少なくとも、「世界全体が一緒に豊かになる」なんて都合のいい仕組みは存在しません。

ならばこそ、**富の再分配の機能を、もっと意識的に導入すべき**です。マーケットの自由な競争に任せてきた新自由主義の結果が、世界的な格差の拡大です。そこにウイルスの攻撃が追加されてしまった現在、根本から方向を是正する必要があります。

古川　そうですね。ひょっとしたら、今回の新型コロナは天からの警鐘なのかもしれないと思うんですよね。「このままの歩みを続けていれば、いつか人類は自滅するぞ」と。

人類は今まさしく、これからどういう道を歩んで行くのかが問われています。だからこそ私たちは、今ここでこれまでの歩みを真剣に見つめ直し、そこから未来への歩みを進めていかないといけないと思うんです。

水野　その感覚は分かります。これほど地球環境を破壊して、生態系を破壊して、搾取に搾取を重ね続けて……。神のような存在がいるかどうかは別として、人類が今まさに試されているといっても過言ではありません。人間は自らの意思では変われない悲しい存在なのでしょうか。

スーザン・ソンタグは『火山に恋して――ロマンス』（富山太佳夫訳／みすず書房）で最後に「自分自身の名誉や幸福以上のものに眼を向けようとしない人々を許すことはできない。そういう連中は（略）地獄に墜ちるがいい」と結んでいます。ケインズはゼロ金利になっても貨幣愛を追求する人がいるだろうから、そういう連中は刑務所か病棟に閉じ込め

評論家スーザン・ソンタグ氏。1979年４月16日、東京・芝のアメリカンセンターにて。

ろと言っています。

資本主義がイギリスで黎明期を迎えた17世紀初め、シェイクスピアは『アテネのタイモン』（『新訳　アテネのタイモン』河合祥一郎訳／角川文庫）で「自分のことばかりで、他人のことを気にしないやつの鼻っ柱をなくしてしまえ。（略）おまえらはこいつで（この金で）地獄堕《お》ちだ」と言っています。貧困問題に取り組むオックスファムが指摘した世界のビリオネア（10億ドル長者）は、ソンタグ、ケインズ、シェイクスピアの本を読んだらいったいどんな反応をするのだろう？　それを見てみたいです。

今こそ金融取引税の導入を

水野　世界中で貧富の差がどうしようもなく広がっている要因の一つに、「電子・金融空間」の存在があります。ＩＴ技術と金融工学の飛躍的な発展。そこから生み出された「電子・金融空間」では、一部の限られた人しかアクセスできない方法で、投資を繰り返し、富を蓄積しています。

世界の最富裕層は2189人だと先述しましたが、彼ら最富裕層の平均保有額は4900億円（1ドル＝105円換算）です。下位6割の貧困層の人々の平均保有額が、190万円であることを考えると、もう絶望的です。

では、彼ら最富裕層たちは、平均資産4900億円というのを、どうやって得たのか。当然のことながら、彼ら自身が汗水たらして働いて得たお金ではありません。では、主に何によって彼らは財を成したか。

理論上は、ミリ秒単位と呼ばれる千分の1秒どころか、10億分の1秒、100億分の1秒、1京分の1秒で回転していく高速取引により資産を増やしてきたわけです。一般庶民のデスクワークや肉体労働とはまったく別の次元で富を増やす彼らのことを、「ミリ秒生活者」と呼ぶこともできます。

古川　まさに究極の不労所得ですね。にもかかわらず、こうして得られた所得に対する課税は、他の所得よりも優遇されているために、富める者はますます富み、格差が拡大し続けています。私は超党派の国際連帯税の導入を目指す議員連盟の副会長を務めており、この議連では国際連帯税の一つとして、為替や株式、債券、デリバティブなどの金融資産の取引に課税する「金融取引税」の導入を検討しています。今回のコロナのような感染症対策をはじめ、世界が連帯して取り組まなければならない課題解決に必要な財源として、また「コロナバブル」でますます広がっている格差の是正のためにも、今こそ真剣に金融取引税の導入を目指すべきだと痛感しています。この税を導入すれば、高速回転で取引をすればするほど税金が掛かることになりますからね。

こうした取引でやり取りされているお金の多くは、明日生きるために必要な資金ではなく、余剰分をさらに倍増するための資金です。富裕層がさらに豊かになって格差がますます広がれば、それだけ社会の分断も広がり、社会が不安定になっていく。そこへ今回の感染症問題のように、人類共通のグローバルな問題が起きると、さらに状況は悪くなる。まさに悪循環です。**金融取引税を導入することで、こうした悪循環を断ち切り、格差を縮小させ社会が一つにまとまり安定していく**、という好循環をつくり出すきっかけになると思います。

水野　私もその案に賛成です。余剰の富が集まるところから社会に再分配する仕組みをつくらなければ、貧富の差はますます拡大していくばかりです。

現在、資産価値を増やす方法として一番効率的なのは、金融取引です。一方、商品などの〈モノ〉を通じて生まれる会社の利益は、ほとんどゼロ成長です。ですから働く人々の給料は上がらず、法規上ボーナスや昇給などを支払わなくて済む非正規雇用者が増えているわけです。極限まで「コストカット」をした状態でも会社が回ることを、企業側は味わってしまったのです。それだけでもひどいのに、政府はさらにそのゼロ成長の部分に対して、消費税増税という形で負担をかけています。個人が消費を我慢しているにもかかわらず、それに消費税増税というのは、政府はまるで時代劇に出てくる悪代官です。

グローバル化して半世紀近く経つのですが、当初いわれていたような、グリーンスパンFRB元議長のいう中産階級の強化どころか中産階級を消滅させる方向に向かっています。その歪みは毎年の企業利潤の累積、すなわち内部留保金の蓄積となって表れています。**資産課税の強化を優先すべき**です。

古川　その通りですね。〈儲けているところ〉からもっと税金を取ればいいのに、そこは不十分で、日々の生活もままならない人たちの負担は増えているんです。

儲けるのはいいんです。ただ、儲けた人は儲けたうちの一部を、社会に還元していかないと、社会はまとまりませんよ。いわゆる〈ノブレス・オブリージュ〉ですよね。「高貴なる者の義務」。財産、権力、社会的地位を保持する者には、それだけの責任が伴うのです。今そうした意識が希薄になってしまっているところが、社会の不満や分断の根源にあるのではないでしょうか。

水野　過去の災害や惨事の時には、「ショック・ドクトリン（大惨事便乗型資本主義）」なども横行しています。投資というのは、際限なく上がり続ければ資本家も売るタイミングがありませんから、いずれかのタイミングでドカーンと落ちるのを、彼らは待っているんです。「徳高き」どころか、世の中の混乱に乗じて、自分たちが儲ける好機を虎視眈々《たんたん》と狙っている。残念ながら、これが強欲な資本家の本性です。

古川　その被害を最も受けるのは、結局またすそ野にいる人々ということですよね。多くの富裕層はそうした危機さえ、一段と富を増やすチャンスにしてしまうんです。

水野　各国の災害や戦争、不況などの社会的混乱に乗じて起こる狂乱では、その実被害は踊らなかった人に生じて、踊った人はきれいに逃げ去っています。なんともやりきれない実情です。

古川　国家の財政破綻が起きる際にも、被害を受けるのは普通の人たちで、金持ちは破綻が起きる前に自分の資産をちゃんと逃がすんですよね。例えばギリシャが破綻するといわれた時、その少し前からギリシャ国内ではものすごい勢いで高級車が売れていたそうです。

水野　そうでした。ポルシェが世界で一番、売れていた時期ですよね。

古川　高級車は、実は非常に流動性の高い資産なんですよね。だから現金を高級車に換えていた。実際に銀行が封鎖された時も、一般庶民は銀行からお金を引き出すために長蛇の列に並びましたが、金持ちはそんなことをする必要はなかった。さっさと事前に危機を察知して、自分の資産を逃がしていましたから。

水野　富が集中するところには、常に情報も集まります。情報強者が富を増やす傍らで、弱者は何が起こっているのか理解する間もなく、なけなしの財産を失っていくわけです。

古川　ソ連が崩壊した時もそうでした。ロシアはソ連の解体後、１９９８年にデフォルトを起こしています。銀行預金が封鎖され、多くの国民の財産は事実上国に没収されました。

手元にあるロシア・ルーブル自体の価値も地に落ち、多くの失業者が出ました。

でも、あの時もギリシャの経済危機と同じようなことが起きていたんですよね。つまり、財政破綻で国民の99・4％は貧乏になったのに、ごく一部、残りの0・6％の人は、逆にあの危機を契機に莫大《ばくだい》な利益を上げて、その後新興財閥になっていったのです。

水野　そうした過去の事例は、枚挙にいとまがありません。資本家にとっては、むしろ今回の新型コロナウイルスの感染拡大すらも、一つの好機になりかねません。

だって「ウィズ・コロナ」なんて言葉が最初に出てきた時も、富裕層の表現だなと感じましたよ。テレワークが可能な人々から「ウィズ・コロナ」といわれても、テレワークできない人々にとっては、見捨てられたとしか感じないと思うんです。

古川　そうですよね。特に医療関係者やスーパー、ドラッグストア、保育士さんなどいわゆるエッセンシャルワーカーの人たちは、感染のリスクに直面しながら、日々、自らの仕事に従事しています。「ウィズ・コロナの時代だから家で仕事してください」と言われても、職場に出ていかないわけにはいきません。

水野　同じ国、同じ地球、同じ時代を共に生きる覚悟を、社会全体で持てなければ、この局面は乗り越えられませんよ。

コロナバブルを乗り切るために

古川　今、「コロナバブル」といわれるとてつもなく大きな「金融バブル」が起きていま す。コロナが終息し、各国政府が財政金融政策を現在の危機対応モードから通常モードに切り替えた後に、このバブルが崩壊する可能性は極めて高いと思われます。

日本は30年前に大きな金融バブル崩壊を経験しましたが、そのあたりから世界的に「金融バブル」が認識されるようになったのではないでしょうか。それ以前には、「金融バブル」とか「金融資本主義」などという言葉は聞かれませんでしたものね。

水野　確かにそうです。1980年代前半までは、経済政策の中心は〈財政政策〉でした。ところが、どの国も財政状況が厳しくなってきたことから、〈金融政策〉にシフトした。それがどんどん膨張していき、通貨膨張から過剰流動性が生まれていきました。

古川　要するに、実体経済が必要とする以上の通貨がどんどん生まれていった、ということですよね。それが金融バブルとなった。

通貨の量が増えれば利回りが下がるのは当然のことで、結局、現在のゼロ金利を生んだのも、元をただせば金融の自己増殖のせいだといえるのではないでしょうか。

水野　２００８年のリーマン・ショックから12年が経ちました。あれも正体は、「金融バブル」の崩壊だったんですよね。

ですからリーマン・ショック以後に、政府は「金融バブル」を起こさないような政策を採るべきだったんです。それがあろうことか、さらなる「金融バブル」を生み出し、何とか持ちこたえようとしてしまった。グローバリゼーションというのも所詮、おカネが国境を自由に越えるためのイデオロギー、すなわちウォール街の一大キャンペーンだったといえます。

古川　確かにそのおかげで、世界経済は短期間にショックから立ち直り、その後しばらく世界同時好況的な状況が続きました。それはそうですよね、おカネがあれだけ世界にあふれたわけですから。

アベノミクスで景気がよくなったといいますが、実はたまたまその好景気に乗っかっただけです。安倍政権は〝戦後最長の好景気〟を記録したと誇っていましたが、それはあまりにも脆《もろ》い蜃気楼のような〝経済成長〟だったと思います。

水野　好景気とは名ばかりの、内実は働く人の4割が非正規雇用という社会ですからね。

古川　この30年あまりの間、世界のあちこちで発生した「金融バブル」は、およそ10年に一度の頻度で弾けてきました。リーマン・ショックから10年経過した2018年頃から、「そろそろまたバブルが崩壊するのでは……」とささやかれていたところに、コロナ・パンデミックが来たんです。

当初、各国の株価が暴落して、「いよいよバブル崩壊か」と一瞬思ったのですが、そこで各国政府が、「これは緊急事態だ！」と財政も金融も総動員して、なんとか経済を支えようと動いたものですから、いったん暴落した株価は急回復。実体経済はまだ深刻な状況なのに、株価は記録的な高値圏内にまで上昇するという……、どう考えてもバブルとしか考えられない状況が生まれています。

水野　同じ轍をまた踏もうとしているわけだから、本当に危険なことです。

古川　これを地震にたとえると、どんどんひずみがたまってきている状況です。ここまでひずみをため込んでしまったら、それこそ次に来る地震は、とんでもない大地震になるのではないでしょうか。
　次にバブルが崩壊する時にはリーマン・ショックのレベルどころか、それこそ100年前の「世界大恐慌」のような状況に陥りかねないと危惧しています。そうなるともはや、さらなるバブルをつくって凌《しの》げるような事態ではありません。

水野　その時に、「金融バブル」の最先端で率先して踊った人たちが犠牲になるのは仕方ありませんが、一般人が巻き込まれてしまうのは避けなくてはなりません。ところが現実には、お金持ちは高値で売り逃げ、暴落して明らかに割安となった時に買いをいれますので、株式投資はバブル崩壊が一番の儲け時です。だから、バブルは弾けさせるためにつくるのです。かたや個人投資家は大損害を被ることになります。

古川　そうなんです。そこが一番の問題なんですよね。とはいえ、「かつてない危機」である、現在のコロナ禍を乗り切るためには、今は財政も金融政策もフル出動するしかありません。たとえ、この先に大変な事態が待ち受けているとしてもです。

水野　政府は従来の仕組みの発想で対応していますが、今は〈平時〉ではなく〈有事〉の時です。それに即した仕組みを早急につくらねばダメですよ。

古川　まさにそうです。「かつてない危機」には「かつてない対応」が必要です。ここまで政府は補正予算を繰り返して、一般会計の枠内で対応してきていますが、これだとどこまでが平時対応で、どこからが有事対応か分からなくなります。そうなると、有事には必要なお金でも平時には無駄使いになるようなことが、有事が終わっても続きかねません。そのようなことにならず、かつ今必要なことをしっかりと実行に移すためには、一般会計とは切り離した「コロナ対策特別会計」を設けるべきだと私は思います。その枠内で、このコロナ禍で「来月、生き延びられるかどうか」「この家に住み続けられるだろうか」「子どもの学費をこれからも払い続けられるだろうか」「職を失わないだろうか」「事業を続けていけるだろうか」と思い悩んでいる人たちを救っていくのです。そのためにはまずは、100兆円くらいは確保する必要があると思います。

水野　財政政策でなんとか乗り切ろうとしても、それにも限界がありますからね。

古川　もちろんです。だからこそ、有事の発想が必要なんです。今ここで必要な財政支出は、ケチってはなりません。一方で、財政破綻が起きて、普通の人たちのなけなしのお金がパーになってしまってもいけない。この一見両立し得ないことを両立させ得る形で、財源を調達することを考えなければなりません。そこで私は、**「無利子・相続税非課税・償還期間100年」のコロナ債を発行することで財源を調達すべき**だと考えています。

こうした国債を発行すれば、それを買うのは相続税を回避したいお金持ちになると思います。まったく利子がつかないのですから、普通の人には魅力がないですよね。でも相続税非課税だからお金持ちには魅力的です。そして償還期間100年ですから事実上の永久債といえます。

要は食うに困らない、そして相続税の心配をしているようなお金持ちの人々たちにコロナ債の形で100年間ずっと持ち続けてもらう。こうした人たちがこの国債を買うお金は、おそらく代々継承していきたいと考えているような余剰資金でしょうからね。これはいわば「借金の永久凍土化」です。それに万一その国債が紙切れになったとしても、それでその人たちが路頭に迷うようなことはないでしょうから。

水野　なかなかいいアイデアですね。一時的な財政策の支援とは別に、長期的にはコロナ被害に特化した「コロナ債」を発行してその費用をまかなおうという案には賛成です。

その際、「コロナ債」の償還財源は国民に求めずに、企業の内部留保金を償還財源にするのが私はいいと思います。というのも、資本家は不当な方法、あるいは信義則違反で「お金持ち」になったのですから、内部留保金を本来の所有者である従業員や預金者に返還するのが本筋だと思うからです。

古川　なるほど。今後、新型コロナウイルスの猛威がたとえ収まったとしても、その後世界は深刻な債務危機に直面する可能性が非常に高いと思います。日本の財政問題も焦点になりますが、もはや、消費税をアップする程度でどうにかなるレベルではまったくありません。時期は別にして、財政破綻は不可避なレベルにまで達してしまったのではないかと危惧しています。それを避けるためには、そうした手段も考える必要がありますね。

水野　デフォルトといえば、アルゼンチンが有名ですね。２０２０年にも、国債利払いを拒否して、９度目のデフォルトを出したばかりです。

かつて日本も一度、戦後に事実上の財政破綻を経験しましたからね。第二次世界大戦後の経済不況でハイパーインフレが起きて、戦前の日本円の価値が下落しました。

つまり、戦前の２００円は高額でも、戦後の経済破綻後の２００円は微々たる額。同じ額面の給料を受け取っても、その価値はまったく違うという意味での事実上の財政破綻でした。それと似たようなことが、今後の日本で絶対に起こらないとはいえないわけです。

古川　２０２４年には、一万円札、五千円札、千円札が一新されますよね。一万円札の顔が渋沢栄一になるというニュースを聞いた時に、私はふと思ったんです。ひょっとして新しい一万円札は日本銀行券ではなく〝新第一銀行券〟になるのではないかと……。というのも渋沢栄一はかつて第一国立銀行をつくった人です。つまり、日銀が破綻して、新たに創立された中央銀行の名前が「新第一銀行」になることも、あながちない話ではないのではないか、という思いが頭をよぎったんです。

日銀といえども、絶対に潰《つぶ》れないわけではありません。日銀が破綻することはあり得るんです。

水野　現在はかろうじて国民貯蓄の範囲内だから大丈夫です。第一次所得収支は20兆円あり、これは企業が海外から受け取る配当や利子収入を示すものです。つまり、極端にいえば、貿易赤字は20兆円まで大丈夫です。

ゼロ金利が成立し、経常収支黒字があるうちにプライマリーバランス（基礎的財政収支／ＰＢ）を均衡させておけばいいと思います。ＰＢが均衡して、ゼロ金利であれば利払い費がゼロになります。あとは借換債発行をスムーズに行えるかどうかですが、経常収支黒字であれば、借換債は日本人同士でできます。1000兆円の国債は事実上、日本国民の政府への出資金となります。出資金の見返りは現金配当ではなく（クーポンゼロ）、社会保障サービスです。そういう点で、社会保障サービスを持続可能な制度にする必要があります。**人口構成上、若い世代が**同じ世代間で助け合うという税体系にするのがいいと思います。**高齢者の社会保障を負担するのは無理**です。

古川　社会保障制度を年金などの現金給付中心から、医療・介護・子育てなどの現物給付中心にすることと、その費用負担は年齢にかかわらず、所得や資産に応じた応能負担にすることは急務ですね。

水野　さらにいえば、日本企業は内部留保金をかなり貯め込んでいますよね。これは、いわば企業にとっての「いざという時」のためのお金です。かつて1990年後半の日本で起きた銀行の貸し渋りや、リーマン・ショックなどの金融危機の際に資金繰りに窮した痛い経験から、企業は内部留保を重視するようになりました。つまり、銀行が頼りにならない時に必要になるお金。

古川　貸し渋りや貸し剝がしの時などに備えているわけですね。

水野　そうです。要するに、手元流動性を増やすために企業が内部に貯めているお金です。

日本企業全体では、内部留保金が現在およそ475兆円あります。1998年度末には131兆円でしたので、わずか20数年で340兆円も増やしたのです。つまり今、雇用者を次々に解雇している企業には、実は「いざという時」のお金が、莫大に眠っているということです。

企業の内部留保金は資本の部に計上されていますが、労働生産性が緩やかではありますが上昇しているにもかかわらず、賃下げを行っています。本当は未払い賃金と負債の部に計上すべきなのです。利子と利潤は本来出どころが同じであるにもかかわらず、利潤率は高い一方で、銀行へ支払う利払い費は1・0%です。

こうした未払い利息と未払い賃金を合わせた預かり金が、146兆円あります。国民の半分の人が生活に困っているとして一人当たり240万円になります。二人世帯で480万円です。内部留保金は資本の部であって、資産ではないという声をよく耳にしますが、資産の部の現金・短期保有有価証券で237兆円、投資有価証券で326兆円計上しています。もともと、1990年代後半の金融危機に企業は銀行の貸し渋りに懲りて手元流動性を厚くしたのですから、すぐに換金できるのです。

古川　最近の日本企業は、儲けたお金を国内投資に回さない傾向があります。その代わりに海外に投資し、かつまたキャッシュを貯め込んでいます。

水野　まさにそういうことです。企業の収益性を測る一つの目安にROE（自己資本利益率）もありますよね。株主投資額に対して、いかに効率よく利益を上げたかを示す数値です。このROEの数値は高いほど〝稼ぐ企業〟として評価されます。その目標は8％。10％を超えると、海外投資家からも最低限のラインをクリアしていると見なされます。

一方で、このROEは、銀行からの資金調達を増やすこと（財務レバレッジの増加）でも、数値を上げることができます。ちゃんとカラクリも存在しているわけです。

そして問題なのは、上場企業などは、銀行からの資金調達をおよそ1％程度の低金利で借りられるという点です。これはあり得ない数値だと私は思います。ROE目標を8％に設定するならば、少なくとも銀行には5％の金利を払わなくては筋が通りません。

古川　〝稼ぐ企業〟であるならば、十分払えますよね。

水野　さらにいえば、日本企業の内部留保金475兆円のうち、本来なら「預かり金」の性格である146兆円が紛れ込んでいます。これは、いずれ企業が還元しなくてはならないお金ですから、本来であれば「資産」どころか「負債」の部に入れるべきものですよね。それなのに、これが「資本」の部に入っている。おかしな話だと思いませんか。

以前、商法の先生に聞いてみたんですよ。「これは不正会計じゃないですか？」と。そうしたら「ばかなことを言っちゃいけません（笑）」と一蹴されましたけど、私にいわせれば、働く人と預金者からの搾取を覆い隠すための粉飾決算ですよ。

古川　なるほど。内部留保金を475兆円も積み上げているのなら、今こそそれを取り崩して従業員の賃金に回すべきですよね。さもなければ内部留保金に課税して、その税収をコロナ対策費用に充てたらいいですよね。

水野　未払い預金金利と未払い賃金で146兆円。これを「コロナ国債」の償還財源に充てればいいのではないでしょうか。だって企業はずっと言い続けてきたんですからね、内部留保金は「まさかのため」「いざという時」のためにあるのだと。

企業のトップに「今が、まさにその〈いざ〉〈まさか〉の時じゃないですか？」と聞くと、「いや、今は、まだ〈いざ〉じゃない。これからもっと大きなのが来るから」と返される。まさに先ほど話に出た、ノアの洪水のたとえです。「洪水が来るまで」と好き放題しながら、その洪水は「私が死んだ後に来る」と資本家たちは胸中で信じている。

古川　今ここで行動しなければ今後事態はさらに深刻化し、大量の失業者が出て、貧困に陥る人が増え、そうなれば、当然消費も下落します。すると企業だって売り上げが落ちて、結局、不利益を被ることになりますからね。

水野　もう一つの注文は、富裕層に対する相続税も少な過ぎるという点です。日本の1年間の相続税、贈与税の税収額は2兆数千億円程度です。相続対象財産は少なくとも50兆円分あるにもかかわらずです。国税庁は20兆とか、30兆とか言っていますけど。

それが2兆円分しか支払われていない。どう考えたって少な過ぎますよ。

だから振り込め詐欺もなくなりません。詐欺師たちは、どこにお金が眠っているかよく知っているんですよね。富裕層の高齢者の自宅には、銀行に預けていないお金が1000万円とか普通に眠っている。銀行に預けても利子がつかない以上、家に寝かせておいても同じだという発想は分かりますが、たんす預金なんて、一番世の中のためにならないお金ですからね。

古川　ゼロ金利ゆえにたんす預金が増え、そのために振り込め詐欺が相次ぎ、また空き巣も増えています。結局、ゼロ金利政策がこうした犯罪を誘発したともいえますね。そもそもこのゼロ金利政策は、ある意味〈目に見えない増税〉なんです。本来ならば預金をしている人が得るべき利子所得が、ゼロ金利で得られなくなっているのですからね。以前なら、コツコツ汗水たらして働いたお金を銀行に預ければ、それに利息がついて利子所得になり、それが可処分所得として家計に回っていたはずです。

それが今ではいくら預金してもほとんど利息がつかない。それどころか振り込みや引き出しの際に手数料を取られたりして、知らぬ間に元本がどんどん減っていってしまっているのです。その分、可処分所得が減っていくことになる。これは目に見えない増税を強いられているようなものです。一方で、大企業を中心に企業サイドはゼロ金利政策で大きな恩恵を受けています。借入金の利子負担が大きく減っていますからね。その上、この間、法人税は減税されてきました。ダブルで恩恵を受けてきたのです。

水野　そこまでして儲けた額の一部を、企業は一般社会に還元する義務があります。

古川さんのご指摘ですが、ゼロ金利はあくまで国民国家としての向こう10年間の期待実質成長率がゼロということです。一方、利子と利潤はあくまで企業の経済活動の成果から発生します。企業の利潤率が上昇し、企業が銀行へ支払う利子率が1・0%というのは、企業が課税権もないのに預金者に課税していることになります。企業の越権行為だと思います。今回の大統領選にみられるように**アメリカの民主主義がおかしくなっているのと同じ程度に、日本の資本主義が劣化**しています。銀行も情けないことに、「企業の貸出金利を上げろ」と言えず、預金者から口座管理料をとるなど、弱者にツケを回しています。

古川　一般庶民の家計は、「利子所得が減少」＋「賃金が減少」で苦しくなっているのに、企業は「金利負担が減少」＋「法人税も減少」でいいことずくめ。だからこんなに内部留保も貯められるのです。

水野　ある意味、ゼロ金利は、事実上の永久国債のようなものかもしれません。一般庶民がその意志もないのに、国債を買わされているようなもの。ならばいっそのこと「国債」ではなく、「出資金」という名に変更して売り出せばいいんじゃないかとも思うんですよ。

現在、1000兆円の出資金（国債）がありますが、その配当は現金では受け取れません。ただし世界一の水準で医療保険や年金、介護保険を受けられますよ、と。こういう仕組みにしたらいかがでしょう。

1兆円の出資に対してどれだけのリターンが国民にあるか。その計算を誰かしてくれればいいんですけど、おそらく2、3%くらいのリターンは受け取っているはずだと思います。考え方を変えてみれば、実はこんな利回りのいい出資金は今のところありませんよ。

古川 そういう考え方もあるんですね。まさしく、発想の転換ですね。

水野 いずれにせよ、日本社会は、戦後何十年と続いてきた「成長神話」を一度見直す時期に来ています。常に「もっと遠く、もっと速く、もっと効率的に」と、前のめりで経済活動を発展させてきたわけですが、そういった〈成長〉〈膨張〉路線が、これからの日本に可能なのか、あるいは本当に必要なのか。

古川 人口増加時代には可能だったことも、人口減少時代には難しくなる。これはある意味当たり前のことです。

水野 それでもその減っていく人口を補うために、移民政策もあれば、AIやロボットを活用すれば成長できるという考え方もありますが、私は賛成できません。テクノロジーの進歩に比較して、人間の精神は大して進歩していません。あとは**倫理面、マインド面を「よりゆっくり、より近く、より寛容に」へリセットすれば、新しい未来を切り拓くことだって不可能ではない**はずです。

しかし、これまでの技術はＡＩも含めてすべてが「より速く」「より遠くに」に貢献するものばかりです。私はＡＩには期待していません。それどころか、より資本の利潤率を高めるために活用されると思います。

古川　社会はさまざまな構成員で成り立っています。バリバリに働ける世代もいれば、高齢者もいるし、幼い子どももいます。これまでは働く世代が社会のマジョリティでしたが、今後は高齢者が多く、働く世代は少なく、子どもはさらに少なくなる。ならば、そうした人口構成にふさわしい社会に変えていかなければいけません。そういう時代に、すでに入っているのです。

水野　右肩上がりの成長教から解放された〈定常社会〉の実現こそが、今後の私たちが歩むべき道ではないでしょうか。

誰もが限界まで無理しなくても、持続できる働き方。高齢者も子どももも、働く世代も、それぞれの〈幸せ〉を実感できる生き方。唯一のパイである地球を、壊すことなく大切に扱っていく意識。災害に遭ってもしっかりと助け合い再び立ち上がれる〈レジリエンス〉のある社会。そういったものを、目指していくためにこそ、人類の資本は投入されていくべきではないでしょうか。

古川　それこそが、人類が共に歩んでいける〈共生〉の世界ですね。こうした大きなビジョンを示し、その実現を目指すことこそが、ポストコロナ社会のあるべき姿です。

第三章　民主主義を問い直す

イデオロギーを超えて思考する

古川　本章では、民主主義について考えていきたいと思います。

民主主義、社会主義、共産主義……、さまざまな統治形態がこれまでの人類の歴史で誕生しましたが、ここ数十年間に限れば、やはり圧倒的に民主主義が勝利してきた印象があります。旧東独などの社会主義国家はことごとく民主化し、ソ連も崩壊しました。

ロシアや中国などが近年存在感を増してはいますが、それでもまだアメリカやEUをはじめとする「民主主義」国家が、世界経済や政治の大きな流れを牽引している状況です。

しかし、新型コロナの蔓延では、一党独裁体制を貫く中国はその特性を生かして感染拡大を封じ込めました。一方、個々人の〈自由〉を尊重するEU諸国やアメリカなどの民主主義国家では、第二波、第三波の拡大防止に苦戦している。これらの国々の人々にとって「行動の自由」は最も基本的な守られるべき「自由」の一つです。したがって国から一方的に自由な行動を制約するような政策を押し付けられれば、たとえそれが新型コロナウイルスの感染拡大防止のためのロックダウンやマスクの着用義務であっても、それに応じない〈自由〉があるとデモを起こす人が出てくるのです。まさに民主主義国家の強みが、逆に裏目に出た形です。

水野　国民の大多数の声を反映する民主主義のシステムでは、ポピュリズム（大衆迎合主義）も起きやすい。特に、経済的に不況が続き格差が絶望的なまで開いたり、今回のような社会的な不安が高まったりしてくると、移民排斥や、国外に仮想敵国をつくる声に同調する人も生まれてしまいます。

前回のアメリカ大統領選挙でトランプ氏が大統領に選ばれた2016年、イギリスではEU離脱の国民投票に多くの人が票を投じました。これなどは長い目で見た利益というより、短期的に社会の鬱憤や不安、不満が投じられた結果でしょう。

しかし、こうしたデメリットをはらむ民主主義の代替となる政治形態があるかというと、人類はまだその解を持ちません。

古川　今回2020年のアメリカの大統領選挙も、混乱の極みでした。トランプ大統領は移民排斥を公言し、中国との関係を悪化させ、コロナ対策でも明確な力を発揮できませんでした。しかし、そんなトランプ大統領を支持する人たちが、あれほど多く存在すること

2020年11月6日、大統領選の開票作業が続く米ペンシルベニア州フィラデルフィアで、警官隊を挟んでにらみ合うトランプ大統領の支持者（左）と、バイデン氏の支持者ら。

には正直驚きました。

もっとも、当選したバイデン氏のほうにも弱いところがありました。彼は民主党内で根強い人気を誇るサンダース氏の支持層を引き継ぐことによって当選を勝ち取りましたが、そのためにバイデン氏が大統領になるとサンダースばりの左派路線を前面に打ち出すのではないかと懸念するアメリカ国民も多いのです。福祉を充実させ、社会的弱者に手を差し伸べる「大きな政府」は、アメリカではともすれば「社会主義」と見なされ、社会主義を嫌悪する人たちは多いのです。こうした人たちは消去法的に、バイデン氏ではなくトランプ氏に投票したのだと思います。

水野　社会主義やマルクス主義は、言葉自体で拒否感をもよおさせる面もありますから、そうしたレッテルを貼られることに慎重になるのも理解できます。

ですが、社会のあり方を見つめ直すために必要なのは、凝り固まったイデオロギーのイメージを超えることです。**「〇〇主義」に囚われない、リアル**。それが今、求められています。

古川　同感です。アメリカ大統領選挙では、両陣営の支持者たちが武力衝突するのでは、という緊張感も一時高まりましたが、一方でこれからにつながる希望もあったと思うんです。今回、アメリカでは若者の投票率が上昇しましたよね。郵便投票を含む期日前投票も一億人を超えました。これまで政治に無関心でいたことのツケが、自分たちに回ってきている。そんな切実な思いが、多くの若者を選挙に向かわせたのだと思います。

日本でも変化が少しずつ起きつつあるように思います。日本の若者層も選挙に行かないことで有名ですが、コロナ禍で大学がオンライン授業になりキャンパスに行けなくなったり、バイト先がなくなったり、今まで当たり前だった日常生活が一変したことで、これまでは他人事だった政治や世の中のことが自分たちに関係していることに気づき、関心を持つようになった若者が増えたのではないでしょうか。

水野　政治を自分のこととして考える若者が増えるのは、とても喜ばしいことですね。

しかし、かたや政治を行う人々の意識はどうでしょう。

この国の政治家トップの人々は、いったい誰のために政治をしているつもりなのかと疑問を感じずにはいられません。彼らは二言目には「国民のため」「国民のみなさんのため」と言いますが、その「国民」とはいったい誰のことを指しているのか、と。

古川　耳が痛いですね。私たち政治家が「国民のため」という言葉を使う場合には、その「国民」の中には、仕事を失ったり、明日の食事に事欠いたり、路上生活を強いられたりしている人たちもいるんだということを意識した上で使わないといけないですよね。さもないと言葉だけが浮いてしまいます。

水野　古代ローマの神学者アウグスティヌスの『神の国』には、こんな話が出てきます。

当時、海を荒らしていた海賊たちにアレキサンダー大王が「海を荒らすのはどういうつもりか」と問いただしたところ、「陛下が全世界を荒らすのと同じです」という答えが返ってきた。ただし、そこには一つの違いがあると言う。

「わたしは小さい舟でするので盗賊と呼ばれ、陛下は大艦隊でなさるので、皇帝とよばれるだけです」（『神の国（一）』服部英次郎訳／岩波文庫）

これは見事な切り返しで、アウグスティヌスも「真実をうがって（ついて）いる」と述べています。

古川　まったく現代にも通じる寓話ですね。たった一つの商品を万引きすることは犯罪なのに、大資本家が地球上の富を根こそぎ奪っていくことは、「資本主義の原理」として容認されているわけですから。

水野　まさにそうです。アウグスティヌスは、キケロの「正義はすべての者をいたわり、人類のためをはかり、各人に当然受けるべきものを与え、神聖なもの、公共のもの、他人のものに手を触れない」（「国家について」／岡道男訳）という言葉を背景にして、「正義がなくなるとき、王国は盗賊団以外のなにであろうか」と述べます。そして明示します。

「正義がなければ、王国も盗賊団と異なるところはない」

つまり、海賊は「自分の仲間のため」だけに盗みを働いているわけだから、当然〈正義〉とは呼べません。しかし、一方のアレキサンダー大王はどうか。こちらも自らの権力誇示や帝国拡大のために邁進していて、決して一般の人々の幸福のために働いているわけじゃない。ですから、これも〈正義〉とはいえません。当然、王が集めた富が、国の各人に分配されることもありません。

古川　それは分かりやすい指針ですね。**その行為に「万人のため」という意識があるかどうか。**集めた富をみなと分け合おうとしているかどうか。そこに本質的かつ大事な違いがあるのですね。

吸い上げられる富、転嫁される罪

水野　ローマ五賢帝の時代の逸話でこんなものもあります。当時のローマ帝国皇帝のところに辺境の地チェコから農民が訪れて、皇帝を非難する大演説をぶったというのです。

「お前たちのやっていることは、盗み以外の何ものでもない！」と。

のちの資本主義時代では、人々は辺境の地から資源やエネルギーを吸い上げていきました。未知の開拓地から資本を中央に収奪する。その構造は、ローマ帝国時代から始まっていたんですね。

ただし面白いのは、時の権力者の家庭教師的立場の人間が、常に戒めとしてこうした教訓を統治者に語り継いできた点です。このチェコの農民の話も、16世紀の神聖ローマ帝国皇帝カール五世に向かって、当時の家庭教師が話したといわれています。中世やルネサンス、絶対王政時代を通じて、権力者たちは世襲制と力業で皇帝や王の座に就いてきました。ですが、だからこそ**権力の〈正当性〉や〈正義〉について、時の為政者は厳しく考えるべきだという意識が強かった**のかもしれません。

21世紀になって「ショック・ドクトリン」を頻繁に持ち出す「資本帝国」も、2000年以上前のアレキサンダー大王時代の海賊と大して変わっていません。確かに所有権が確立した近代において世界のビリオネア2189人は「私は、盗んでいない」というでしょうが、市場メカニズムを利用して、正確にいえば「操作」して、貧しい人の財産を「かすめ取っている」と言えるのではないでしょうか。メディチ家ももともとはギャングの出身ですが、のちにローマ法王が輩出するまでになったのは、自らの貪欲を追求するよりも「みんな（キリスト教徒）のため」という名誉欲を重視したからだと思います。

16世紀末の海賊ドレイクも、スペインから略奪した金銀財宝の半分を国家に寄付して、イギリス海軍の提督にまで上り詰めました。

古川　当時は、選挙もありませんでしたからね。

水野　そうですね。選挙がない分、民衆の支持を得るには貪欲を捨てる必要があると思います。ところが、21世紀のビリオネアは、世界中の人が新型コロナで命の危険にさらされているにもかかわらず、塹壕《ざんごう》に閉じ籠ってだまっています。10兆ドルは天国にもっていけないので（地獄に行くにしても同じこと）、半分の5兆ドルを「コロナ救済金に拠出する」と言えば、ようやくギャング出身のメディチ家並みの評価を後世に得られると思います。

さらに時代が下ると、今度は17世紀のフランスの詩人ラ・フォンテーヌが、ルイ14世の王太子に、人生の教訓を学んでもらいたいと『寓話』を記しています。子どもでも分かるように動物たちを擬人化して、人間社会の隠された真実を寓話として書き下ろしたのです。その中に、「ペストにかかった動物たち」（『寓話』下巻／今野一雄訳／岩波文庫）という次のような物語が入っています。

当時ヨーロッパを襲ったペストは「神の怒り」と信じられていました。だから、動物たちも自分の罪を一つひとつ告白していこうではないか。そして、一番罪深い者が代表して神の怒りを受けるべきだと、動物たちの王ライオンが言うのです。

「まず俺はあくなき食欲のまま、罪なき羊を喰ってしまった。俺に対して何も悪いことなどしていないのに。しかも羊飼いまで喰ってしまった」と、ライオンは懺悔します。

ところが、ここでおべっか遣いの狐が、王様を支持する発言をします。「羊にとっては、陛下に食べられることこそ名誉なはず。羊飼いなどは、動物たちを支配する正当な権利もないのにそれを所有していたのだから、喰われても仕方ありません」と。そんな調子で次々に、熊やらオオカミやらの捕食動物が罪を告白しては、その都度互いにその正当性を認め合っていきます。最後にロバが登場します。

ロバの懺悔は、「牧草を食べてしまった」という、およそ誰の害にもならない些細な行為でした。しかしその途端、ロバよりはるかに強く、他の生き物たちを食い荒らしてきた捕食動物たちが、いっせいにそのロバを非難します。「この動物の罪こそ明らかだ！」と。そして、ロバの極刑が決定してしまう物語です。

古川　なんとも切なく、恐ろしい話ですよね。まさしくトカゲのしっぽ切りというか、**一番立場の弱い人間が、犯してもいない罪の責任を取らされるという構図**です。

水野　ラ・フォンテーヌ自身も、こんなメッセージを添えています。

「あなたの偉さによって、白か黒か、判決が下る」と。

偉さ、つまり権力や地位、財力ですよね。そういったものがあれば、本来罰せられるようなことでも、〈白〉の判決が出て罪が免除されやすい。だけど、貧しい一般庶民では簡単に〈黒〉の判決が出てしまう。将来、国王になる王子に、そんな世の中にしてはならないと教育しているのです。今の日本で、ラ・フォンテーヌのような補佐官が、果たして首相の周りにいるのでしょうか。

古川　400年ほど前のこの寓話の言葉は、現代社会にもそのまま通じますね。弱い立場の人間は、上に立つ人の顔色をうかがい、忖度して、うまく立ち回るのが処世術だという昔からの習わしは、人間社会の業《ごう》でもあります。

水野　「負け犬」「勝ち犬」という言葉が、日本では一時期流行語にもなりましたが、本来ならば、〈勝ち負け〉と表現する以上、そこには勝負が存在しているはずです。

しかし、**もはや現代では〈勝負〉の土俵にすら上がれない、〈上級国民〉と〈下級国民〉に日本人は分かれているという諦念が社会に漂っている**気がします。階層社会の上層部であれば、社会でも好待遇に置かれ、仮に罪を犯しても免ぜられることも多い。しかし下層に生まれた以上は、そういった幸運には浴せないとでもいうような……。

古川　いつの時代も、責任は下へ下へと回されていき、罪をかぶるのは末端の人間ばかり。そんな切ない状況が、古代ローマ時代から語り継がれているというわけですね。

水野　そうです。「あなたの偉さによって、白か黒か、判決が下る」。そんな400年ほど前の寓話が耳に痛いような社会は、自分たちの手で変えていかなくてはいけません。

古川　そんな**世の中の不条理、おかしさを虐げられた人たちが立ち上がって覆したのが革命であり、そこから生まれてきたのが民主主義**ではなかったでしょうか。にもかかわらず、民主主義国家でこうした不条理やおかしなことがまかり通っているのは、民主主義がきちんと機能していないということではないでしょうか。民主主義がちゃんと機能すれば、本来、是正されるはずです。それができない、今の民主主義はどこかおかしいのだと思います。

民主主義国家の〈正義〉と〈コモン〉

水野　私たちが生きる民主主義国家には、致命的な欠陥があります。

それは、必ずしも政治家としての〈才能〉と〈正義〉を兼ね備えた人物が国のトップに立つわけではない、という欠陥です。首長が国民の多数決で決まる以上、その国民におもねる政策を打ち出せば長になれる。要するに、短期的な損得に目がくらんだ大衆が、首長にふさわしくない人物をトップに担ぎ上げる危険性もあるわけです。

古川　イギリスの政治家、ウィンストン・チャーチルが有名な言葉を残していますよね。「民主主義が完全で賢明であると見せかけることは誰にもできない。実際のところ、民主主義は最悪の政治形態ということができる」と。

これまでの歴史上、さまざまな統治形態が試みられてきましたが、その中で民主主義が世界の主流になったのは、決して最高の統治形態だったからではない。他の統治形態に比べれば、〈最悪〉の事態に陥る危険性が少ないだろうということで選択されてきただけで、一種の消去法で残った政治形態だともいえるわけです。

本当は、プラトンが唱えたような立派な哲人が存在すれば、その哲人による統治が理想的です。本当に能力があって、私利私欲に走らず、国民のことを第一に考えられる立派な政治家が常に統治するような政治体制なら、それこそ理想の国家になるでしょう。しかし、現実にはそんな人物はいない。また仮に、そういう人物が存在してその人が統治者になったとしても、その人がずっと立派な人物であり続ける保証はありません。「権力は腐敗する」と言われます。どんな立派な人でも、権力の座に就いたら人が変わってしまう可能性は十分あります。まして長くその座にいたらなおさらです。

要するに、**民主主義は「どんな人間も自らの欲を完全にコントロールすることはできない」という、一種の性悪説に立ったシステムでもある**のです。人は誰もが間違える。為政者も国民も。ですが、少なくとも国民がその間違いに気づいた時に、それを是正することができる仕組みが必要であり、今のところ民主主義のみが、そのリセット機能を有しているというわけです。

水野　国民が自分たちで選んだ為政者が「間違いだった」と気づいて実際にリセットボタンを押すかどうかは別問題として、そもそもリセットボタンがなければ、状況打開のチャ

1939年９月18日、ロシアのポーランド介入に関する戦局を協議後のウィンストン・チャーチル。英ロンドン・ダウニング街にて。

ンスもありませんからね。

古川　それと同時に、ここまでAIが進歩してくると、民主主義にも新たな未来があるのでは、という気もするのです。憲法学者の山本龍彦先生が編著となった『AIと憲法』（日本経済新聞出版）という本で、この問題にアプローチしています。実際、検索ワードやオンラインでの購入記録、行動履歴などの分析で私たちの趣味嗜好情報がここまでビッグデータに蓄積されてしまうと、いずれ本人も気づかぬうちにAIに思考がコントロールされていく恐れがあるといった問題です。私たちがネットで検索して購入している商品やサービスなども、自分で選んで決定しているように思い込んでいますが、実のところ「おススメ」として提示されている中から決めていることは先述しました。

同じように政治的志向も、「おススメ」として巧みに誘導されてしまう可能性がないとはいえないわけです。マインドコントロールとまではいかないにしても、「表面的には民主主義」、だけど内実は支配されている意識を抱かせない独裁体制。そんなリスクが高まっていると、山本先生は警鐘を鳴らしています。

水野　民主主義について同じように語っているつもりでも、AI以前と以降では、それを選ぶ人間の意識や行動は本質的に異なる、ということですね。

古川　ええ。ただ、その反対に非常に楽観的な立場からすれば、ＡＩが「正しい民主主義」を提言してくれる可能性もありますよね。人間はどうしてもその時々の目先の欲や不安、恐怖などの感情に惑わされてしまう。常に理性的な判断を下せるわけではありません。だけど、ＡＩならそういったブレはありません。合理的に理想的な「民主主義」に、人々を誘導できる可能性もあるわけです。

となるとさらに堂々巡りになってしまい、ＡＩが導く民主主義国家は理想社会なのか、それともディストピアなのか、という問いも生まれてくる。こうした議論に答えが出せる段階には、まだまだ至っていません。

水野　面白い視点です。「民主主義とはどうあるべきか」。これに近いテーマになりますが、私は大学の経済の授業で、「〈正義〉とは何か」という問題に学生たちと取り組んでいます。

今、〈正義〉なんて言葉、恥ずかしくて誰も日常では使わないじゃないですか。だけど、有史以来人間はずっと〈正義〉について真剣に考えてきたわけで、結局それをないがしろにはできないと思うのです。

今世紀の気候変動危機が如実にそれを示していますが、**経済的発展ばかりを追い求めて生きることは、これ以上不可能**です。

〈正義〉について。実は私が一番しっくりとくる考え方は、村上春樹氏がイスラエルで行った講演です。２００９年にイスラエルの文学賞「エルサレム賞」を受賞した際に、村上氏が現地の人々に発したメッセージです。

古川　有名な「壁と卵」の演説ですね。

水野　はい、当時、日本でも話題になりましたよね。ちょうどその頃、イスラエル軍がパレスチナ自治区のガザ地区で１０００人以上もの人々を死に追いやったニュースが世界を驚かせました。そのため、村上氏の受賞に関しては、日本国内でも受賞拒否を求める声が大きかったのですが、彼はあえて「語らないよりは語ること」を選びました。

彼は演説で、次のように語ります。

「高くて頑丈な壁と、壁にぶつかれば壊れてしまう卵があるなら、私はいつでも卵の側に立とう」

いうまでもなく「高くて頑丈な壁」とは〈体制〉を指しており、パレスチナでいえば人々を死に追いやった〈国家・軍隊〉などを表しています。そして「壁にぶつかれば壊れてしまう卵」とは、〈個人の魂〉です。体制側の理屈や権力に、否が応でも屈服させられる弱い立場の人々。つまり村上氏は、**自分は国家権力などの体制側ではなく、か弱い人々の立場を選ぶ**と明言しています。本来、〈体制〉とは人々の生活や命を守るために存在するはずなのに、それが人々の命を奪う側になってしまう場合、小説家はそこに光を当て、人々に警告を発する役目を持つべきだと、彼は真摯に語っています。

2009年2月15日、イスラエルの文学賞「エルサレム賞」の受賞スピーチを行う作家の村上春樹さん。エルサレムにて。（時事）

　私の理解では、これこそが〈正義〉だと思うのです。理屈抜きの正真正銘の〈正義〉。

　世の中にはアマゾンのジェフ・ベゾス氏や、マイクロソフトのビル・ゲイツ氏、アップルのスティーブ・ジョブズ氏など、壁のように強靭な人がいますよね。〈体制〉が放っておいても、世の中で如才なくやっていける人々。もちろん苦労や努力はその背景にあるでしょうが、自力でわが道を切り拓いていける能力と意欲、富を持つ人々です。

一方で彼らとは違い、壁に投げつけられたら、一瞬で壊れて割れてしまうような人々もいます。子ども、若者、高齢者、障碍者、女性、貧しい人々……。そういう人たちを、壁(体制)は無条件にしっかりと守るべく機能すべきなんです。新型コロナの感染拡大によって生活に苦しんでいる人に、どう政治は応えるのかと問われた菅首相は、「最終的には生活保護という仕組みがある」と答えました。「叩き上げの苦労人」というのがまっかな嘘だということがバレてしまいました。卵の側の人の気持ちは、まったく分かっていません。

古川 おっしゃる通りです。国家とは、本来は家族や地域社会がより大きな単位になったような存在であるべきですよね。そこでなら安心して生活できる、子どもを産み育て、家族を介護して自分も安心して老いてゆける。それが小さい単位ならば家族であり、少し大きくなると地域社会になり、もっと大きくなると国家になる。親が理屈なく子を守り大事にするように、国家はそこに住む人々を守ることにこそ、その役割があるはずです。

水野 その通りだと思います。だから、先ほど「イデオロギーを超えたリアル」について述べましたが、いっそのこと自民党とか、民主党とか、共産党とか、そういったイデオロギー名を政党名にするのではなく、その政党の一番目指す目標を政党名に掲げればいいんじゃないかと思ったりするんですよ。「私たちは壁ではなく、卵を大切にしますよ」という意味で「卵の党」とかね（笑）。あるいは、自民党は資本主義で金持ち優遇策をしているという意味で「資本の党」と呼び、野党は労働者に安心をもたらす政策をしますと宣言し、「安心の党」と名乗る。そのほうが、人々も政策の違いを理解しやすいのではないかと思うのですが、いかがでしょう。

古川　面白いアイデアですね。特に若い層にとっては、今の政党名から受けるイメージと実像とが異なる面も大きいかもしれません。

よく愛国心やナショナリズムといった言葉が使われますが、「愛国心」と聞くと、「無条件に国を愛する」ことが求められるように思われがちですが、本当はそうじゃないんですね。国がその国民の暮らしをきちんと守るからこそ、自分たちを守ってくれる国に対する愛着が生まれてくる。健全なナショナリズムというのは、「国を愛するから国民が守られる」のではなく、「国が国民を守るから、その国を愛する」ようになるものです。愛国心の大切さを説く人は、その前に国がちゃんと国民の暮らしを守れているかに目を向けないといけないですよね。

「愛国心」＝パトリオティズム（patriotism）の語源の「patria」は、もともと「ふるさと」を指す言葉です。やはり国家の原点はふるさとや家族といった小さい単位にあるわけで、両者の間にあるべきは、無条件の愛情や庇護の精神なんです。間違っても「国に忠誠を誓うから、その見返りとして守ってやる」というような契約関係ではありません。

水野　そのような思想の起源は、はるか昔に遡ります。原始の時代から人は一人では生きられず、家族単位で暮らし、さらに一家族だけでは心もとないから集団生活を築いてきました。いわゆる共同体ですよね。それが〈コモン〉（common）の世界です。そして、**コモンをどんどん大きくしていったのが、現在の国家**です。ですから、共同体や家族の絆や信頼がその基礎にあるべきなのは、至極当然のことでしょう。

古川　西洋では日本以上に「個の自由」が求められますが、それだって無人島にたった一人で生きているわけでもなし、〈個〉と〈個〉が集まった場では、共同体で生きていくための意識も確立されています。

つまり、私が言いたいのは、「民主主義はどうあるべきか」という難しい問題を議論する前に、もう一度原点に立ち返り、「国民みんなが疑似家族なんだ」という意識をしっかりと持つべきではないかということです。

水野　日本人、約1億2557万人が一つの家族であり、一つのふるさとで暮らしているのだと。

古川　ええ。そういう認識があれば、「自分だけがよければいい」という発想は生まれません。妻や子が飢えて住まいも失いかけているのに、自分だけは裕福に暮らして「それで幸せ」なんて家族があったら、それは背筋がゾッとする光景です。もし、自分が富める者ならば、その富を満足な食事ができない子どもたちに分け与えるという発想は自然に起きるはずです。それが**共同体のよさであり、ふるさとすなわち国のよさ**でなければならないと思います。

数字には表れない葛藤

水野　かつては宗教が、人々を〈正義〉に向かわせる原動力になっていたかと思います。

しかし、宗教改革以降、〈神〉の権威は失墜し、信ずべきものは〈数字〉となりました。特にニュートン以来、神学や教会の権威に取って代わったのが、数字の権威です。

古川 信じるべきものは、目に見えない信仰ではなく、はっきりと目に見える数字である。その延長線上に、近代資本主義は誕生したんですね。

水野 「興味」「関心」という言葉は、英語では「interest」ですよね。人間の思考、行動のど真ん中に、〈関心〉がある。それぞれの関心の先に、欲も生じ、欲あるところに商売も生まれていった。人々の需要を追い、駆り立てるようにして、あらゆる商品やサービスが供給されるのが資本主義の基盤です。

そして、面白いことに、経済で「利子」を指す言葉は、「interest of rate」なんですよね。当時は利子という概念の中に、利潤も含まれていました。関心や欲を追い求めた先にある〈利子・利潤〉。それを言葉が表しています。

近代経済においては、数字は明確に価値を評価する基準です。物の値段、貨幣価値、株価指数、GDP値、赤字や黒字、失業者数、投票率、支持率……。あらゆるものは、数字で明確に示すことができます。

人間の行為がことごとく数字で表され、そこに成長を読み取れれば、その社会は正しく機能していると見なされる。数字、それはすなわち近代社会の新しい〝宗教〟といえるかもしれません。第一章で述べた、成長教という名の宗教です。

ある企業や国家、あるいは個人でもいいのですが、努力の結果、成長を維持していることが正義である。仮にそこに若干の道徳性や不平等が存在しても、それは誤差の範囲。人はみな自由意志で努力し、成長していけるはずだから、と。これが、今の近代資本民主主義社会の考え方の核になってしまっているのではないか。そこには、本当の〈正義〉が欠落しています。

その**欠落を可視化させたのが、コロナ禍**です。私たちは今、そこに気づき始めているはずです。

古川　新型コロナウイルスという禍を転じて福となすことができるとすれば、そこしかないでしょう。今回のような非常事態においては、ある程度、目先の正義もあってもよいとは思います。いうなれば「相対的な〈正義〉」でしょうか。もちろん、普遍的、「絶対的〈正義〉」は大切ですが、その時代や状況に応じては「相対的な〈正義〉」が議論されてもいいとも思うのです。

例えば、今回のパンデミックでは、とにかく困っている人々を助けることは、方法が多少イレギュラーであったとしても、それで助かる人々がいるのであれば、「相対的な〈正義〉」も、それはそれで立派な〈正義〉だと思うんです。

水野　同感です。むしろ私などは、もともと〈正義〉とは相対的でしかあり得ないと考えてきました。「絶対的な〈正義〉」が存在するのは、ユートピアだけです。

なぜなら、いまだに私たち人類は、万人が共有する「理想の国家」を持ちませんよね。これだけ長い人類の歴史で、古今東西の思想家たちが〈正義〉を追い求め続け、それでもそれを体現する国家は存在しない。ユートピアはいつだって小説の中だけに存在してきたのです。

むしろ「これが理想の国家だ！」なんて言われたら、相当当惑するでしょうし、警戒したほうがいいでしょう。**白か黒ではない、その間の葛藤に、〈正義〉はある**と思います。だから、私たちは考え続けなければいけないのです。

古川　仮に「理想の国家」が存在したとしても、そこはあらゆることがコントロールされたユートピア……、ではなく実はディストピアかもしれませんね。そこに住む人々は自分たちがコントロールされていることに気づかない。自分たちは幸せだと思っているのも、実は国家からそう思うようにコントロールされているだけ。主観的にはユートピアでも、客観的にはディストピアなのです。でもこうなると主観的に幸せならばそれでいいのではないか、ということにもなってしまいそうですが……。

最近のアメリカ人の中にはこんなジレンマを感じる人がいるそうです。これまで世界中から大勢の人がアメリカに渡り、自由や可能性を夢見て生きてきました。〈自由〉こそがアメリカン・ドリームの象徴。それなのに、気づけばアメリカという国は銃を持たずには安心して街も歩けない国になってしまっている。一方で最新のテクノロジーを利用して人々の監視・管理を強めている中国では犯罪が大きく減って、安心して街を歩けるようになっている。

「自由だけれど、安心して街を歩けない国」と、「監視されているけれど、安心して街を歩ける国」、いったいどちらの国に住むのが幸せなのか、というジレンマです。

水野　その両極に対する議論にも、葛藤が見えません。

古川　私も思わず考え込みました。でも、だからこそ「理想の国家」など現実にはない、「ユートピア」なんてあり得ないんだという前提で、社会について考えるべきという水野さんのご意見には、私も賛成です。〝青い鳥〟を求めた先には、奇妙にいびつな社会しかない。私たちは**ベストな理想国家を追い求めるより、常に今より少しでもベターな選択を地道に続けていくしかすべはない**のだと思います。

水野　シェイクスピア劇の『マクベス』に、このような言葉があります。「きれいは汚い、汚いはきれい。さあ、霧の中に飛んでいこう」。

ちなみにこのシェイクスピアから3世紀余りのち、今度は経済学者のケインズがシェイクスピアの言葉をそのまま引用して、「少なくとも100年間、自分自身に対しても、どの人に対しても、公平なものは不正であり、不正なものは公平であると偽らなければならない。なぜならば、不正なものは有用であり、公平なものは有用でないからである」と「わが孫たちの経済的可能性」（1930年）と題する論文で述べています。

国民国家誕生の直前にシェイクスピアが『マクベス』で指摘したことは、ケインズの予想通りに21世紀になっても続いています。つまり、近代とは「自分自身を偽る時代」だということです。**現在ゼロ金利の日本が先に立ってそれを終わらせ、「不正は不正だ」と言える時代にしなければ**なりません。果たして「ショック・ドクトリン」を利用して資本を蓄積したのではなかったのかと、資本家は真剣に自問自答するべきです。

古川　世界各国が五里霧中にあり、どの道が正解なのか分からない。だから、とりあえず目に見える数字に頼ってしまうのでしょうね。

　実際に数字は便利なものです。〈正義〉や〈道徳〉〈感性〉〈親切〉など人の目に見えないものを語るのは難しいものです。でも、数字を用いれば、ある事象について、一気に分かりやすく説明できます。しかも遠く離れていて言葉が通じない人にも、一瞬で伝えられる。説得材料として強いんですね。

水野　まさに〈有用〉であるがゆえに、「あらゆるものを数量化する」という考え方をヨーロッパ人が13世紀に取り入れたのは、人類にとって思考上の大転換でした。聖書で禁止されていた徴利を教会自らが行い、神は嘘をつくとして、〝嘘をつかない数字〟に人々の信仰の対象をシフトさせていったのです。

　ベストセラーとなった『FACTFULNESS（ファクトフルネス）』（ハンス・ロスリングほか

2020年１月26日、ポーランドのアウシュビッツ強制収容所解放75周年を前にした式典に臨み、花輪を捧げるオランダのルッテ首相（左）。アムステルダムにて。（AFP＝時事）

著／日経ＢＰ）なども、あらゆるデータと数字を駆使して、私たちが生きる現代の状況を説明しています。数字の威力は素晴らしいもので、もちろんそれを否定するつもりは毛頭ありません。

ただ、数では片づけられないことも、この世の中にはたくさん存在します。最も分かりやすいのは、一人ひとりの命の重みが、単なる数字に集約されてしまう時などです。

２０２０年、オランダのマルク・ルッテ首相は、第二次世界大戦中のオランダが、ナチス・ドイツに協力して、多数のユダヤ人を強制収容所に移送したことを、初めて公式に謝罪しました。かつての収容所（ベステルボルク）では、死亡した10万２０００人のユダヤ人の名前が、六日間かけて読み上げられました。私はこのニュースにいたく感動しました。「数じゃないぞ」「一人ひとりに人生があったんだぞ」という強烈なメッセージです。

古川　ナチスドイツの親衛隊で、ユダヤ人の強制収容所移送の任務に就いていたアドルフ・アイヒマンは、戦後の裁判でこんな言葉を残したとされています。

「一人の死は悲劇だが、集団の死は統計上の問題に過ぎない」

数百万人ものユダヤ人を死に追いやった人物が発した言葉として聞くと背筋が凍りますが、実はこの言葉は現代の戒めにもなると私は思っています。

今回のコロナもそうですが、どうしても「本日の感染者数、○名」という数字にばかり意識が向いてしまい、その一人ひとりの人生にまで思いが及ばなくなりがちです。そんな人間の無感覚に対してのアンチテーゼとして、「一人ひとりの犠牲者の名前を読み上げる」試みがなされているのでしょう。

同じような試みが、戦後75周年を迎えた2020年8月の日本でも行われました。旧ソ連のシベリアに抑留され強制労働の末亡くなられた方々、4万6300人の名前を三日間かけて読み上げる、という慰霊の集いが開かれたのです。こうした一人ひとりにまで思いを寄せるという感覚をもっと大切にしたいですね。

民主主義における多様性

水野　成長教に対する一つの解決策は、「数に頼らない」仕組みや発想を、可能な範囲から試みることではないでしょうか。

古川　同感です。私が所属する政治の世界は「数は力」という言葉に象徴されるように、基本的にすべての物事が数で進み、決まります。その意味で最も数が重要な世界なのですが、このなんでも数で決まる、決める政治になってしまっていることが逆に、政治不信を招いている一因になっているのではないかと思います。

私たちが社会で初めて多数決を経験するのは、小学校で学級委員を選んだりする機会でしょうか。一票でも多い人が選ばれるという、数の論理です。しかし、社会のこと、人々の生活のこと、文化のことなど、世の中には数字だけでは決められないことが無数にあります。むしろ、多数決で決めないほうがいいこともたくさんある。

普段、マジョリティの主張に押されて、マイノリティの声がかき消されてしまっている事柄は多々あります。彼らは数が少ないというただそれだけで、我慢して生きていかなくてはならないのでしょうか。決してそうではありませんよね。社会の構成員の過半数が反対しても、すべき議論や、なすべき政策などはあるわけで、そうした少数派の声をどう掬い上げていくのかが、これからの社会ではさらに重要になっていくでしょう。なぜなら、それこそが多様性の本質を認めることだからです。

そのためには最後は多数決で決めるとしても、決める過程が極めて重要です。**少数派の声も含めて多様な声に耳を傾けるには、丁寧な議論、時間をかけた議論、すなわち「熟議」が必要**です。以前は「熟議の民主主義」という言葉もよく使われましたが、最近はとんと使われなくなってしまいました。民主主義までもが効率性を追求し、民主主義は多数決なのだから多数の意見がはっきりしていれば議論などせずにさっさと決めるのが効率的で、それが正しい民主主義、と考える向きが多くなっています。しかし、結局それが言葉や議論を大切にしない民主主義となり、民主主義そのものに対する不信や疑念につながっているのです。

水野　その通りです。柄谷行人さんが「先ず複数の候補者を無記名選挙で選んで、最後に籤引きをすればいい」(『日本精神分析』／講談社学術文庫)と言われていますが、私も賛成です。地方議会議員の選出法は、選挙ではなくいっそくじ引きにするのはいかがでしょう？この意見は、相手に必ずギョッとされるのですが（笑）。

現行選挙の投票率の低さや結果などを見ていると、むしろくじ引きのほうが公平ではないかと思ってしまうのです。特に**地方自治体をくじ引き選挙にすることで、初めて「地方の時代」が来るのではないか**と思うのです。地元の利権が絡むこともなく、有力議員が力を持ち続けることもない。国会レベルとなると話は別ですが、その地域で住民の平均的な意識が反映されるのは、くじ引きではないかと。そうすれば、男性と女性議員は即座に半々になります。

さらにボランティア制議会にしてしまい、「働き方改革」で週休三日か四日制を実現させて議員の仕事をする。通常の仕事と兼業しながら取り組めるようにするのです。いかがでしょう。ケインズは、ゼロ金利になれば資本が十分足りているので、週15時間労働で大丈夫だといっています。

古川　大胆なご意見ですが、小さな市町村などの統治システムまで国政レベルと同じにする必要はない、という点では賛成です。現在は、あたかもロシアの木製の入れ子人形、マトリョーシカのように、どんなに小さな自治体でも選挙で選ばれた議員によって構成される議会が存在しますが、「本当にそれでないといけないのか？」ということですよね。

代議制は、住民の数が多くなって、簡単にはみなの意見を集約することができなくなったところから生まれたものです。ということは、人口減少で住民が非常に少なくなった村などは、もはや村人全員の合議制という直接民主制で構わないはずです。

またできるだけ多くの人の意思を議会に反映させるという観点からは、やはり投票率の向上に資するような工夫をもっといろいろと考えるべきだと思います。例えばオーストラリアなどでは、「投票すること」が国民に義務づけられています。義務である以上、必ず投票しなければなりません。そうなると、誰に投票するかをより真剣に考えるのではないでしょうか。

水野　そうですね。現在は、地方議会選挙での投票率が4割程度、国政でもようやく5割ほどです。入れたい政党がないのであれば白票でもいいから投票すべきで、くじ引きでないのならむしろ義務化しなければ、平等性は確保できません。

古川　地方議会をボランティア制にして、議員は副業のようにしては？　という水野さんのご意見も貴重です。議会に限らず、これからはいくつかの仕事をしながら生活していくという生き方を選んでも、時間的・精神的余裕を失わなくても済むような社会にしていくべきだと思います。これまでは一つの仕事にあまりにも自分の時間を取られ過ぎてしまい、他のことに費やす時間をつくれない人がほとんどだったのではないでしょうか。しかし、これからは自分でコントロールできる時間が増えて、その時間を副業をはじめ、いろいろな目的に使うことができる、そんな社会が求められていると思います。**「可処分所得」ならぬ、「可処分時間」の増加**です。

水野　賛成ですね。前章でも述べましたが、働き過ぎの日本人の平均労働時間は、現在約1700時間です。一時期は2000時間もあったことを考えると、減ってよくなったじゃないかと思われがちですが、実はこの数字にもカラクリがあります。つまり、平均的に残業がなくなっているのではなく、非正規雇用者が増えているからです。1週間に3、4日程度の働き方が増えているせいで、全体として労働時間が減っているけれど、正社員だけに的を絞れば、今でも平均2000時間の時代とほとんど変わりません。

平均的な日本人のビジネスパーソンで、平日の夕方「これから映画を観に行く」と帰社できる人なんて、ほとんどいませんよね。夜7時、8時、9時まで働くのはザラ。土日は睡眠負債がたまって寝だめするから、家で昼過ぎまでゴロゴロ寝ている。そんな日々では、「自分が住んでいる地方自治をどうすればいいか」や「正義とは何か」について考えることなどできません。

むしろ現在の日本社会は、国民全体を仕事で疲れさせて、自由に頭を使って考えることができないようにしているんじゃないか、という気すらします。教育もそうです。子どもの頃から、先生の言説には疑問を抱かず、「ハイ」と規律よく従うことを教え続けている。政府の意思にたてつかない人間を大量生産しているような錯覚に陥ります。

古川　日本でイノベーションが起こりにくいというのは、そうしたことも関係しているのかもしれませんね。

「可処分時間」に関しては、私自身、コロナによる自粛期間中にまさに「可処分時間」が大きく増えたんです。

コロナ以前の私の日常生活では、自分で自由にできる時間はほとんどありませんでした。東京にいる時は国会や党の会議等で、朝から夜までほとんどびっしり予定で埋まっています。週末を中心に地元に帰れば、春夏秋冬、地域で行われるさまざまな行事に顔を出すのに忙殺されます。春はお花見、夏は盆踊り、秋は運動会、冬は年末年始行事、等々。休みらしい休みは取れません。ところがコロナでそうした行事がほとんどなくなってしまいました。地域で見知った顔の人たちになかなかお目にかかれないのは寂しいながらも、時間に余裕ができたおかげで、いろいろなことに思索を巡らす時間ができました。そこで気づいたのです。日々の予定をこなすのに忙殺されていると、とにかく目の前のことが中心となって、長期的なスパンの課題などはなかなか考える気にもならないし、その余裕もないことに。

水野　テレワークで通勤時間が減ったり、オンライン授業で学生が政治について考えるようになったり、という先の話にも通じますね。

古川　ええ。まさに私自身も実体験したというわけです。ただ、同時にこんなふうにも思いました。

これからはロボットやＡＩが職場に参入し、人類は働く必要性が減っていくといわれますよね。その分、人間は人間にしかできない他の仕事に就くだろうとか、もっと余暇に時間を費やせるだろうなどと。でも、働く時間が減れば減るほどいいのかといえば、必ずしもそうではないと思うのです。

コロナでは高齢者が特に、外出を控えるようになりました。感染した場合の重症化リスクは若者より年配者のほうが高いとされていますから。ただ、そうすると身体的衰えと同時に、認知症のリスクも高まってしまうのです。私も自分の家族を見ていて切実に感じたことです。

ですから大切なのは、**「働かないで済む」のではなくて、「生きがい」や「好きなこと」に費やす時間を持てること**。それは「趣味」でもいいし、「副業」でもいいでしょう。つまり、今後ますます自分にとって「生きがいとは」や「人生とは」について、個人として真剣に考える時間を持つことが重要になってくると思います。

水野　2020年9月、アメリカの人類学者、デヴィッド・グレーバーさんが亡くなりました。彼が2018年に書いた『ブルシット・ジョブ――クソどうでもいい仕事の理論』（岩波書店）が、亡くなるひと月前に日本でも刊行され、話題になりましたね。無駄で無意味な仕事ほど高給が支払われる、現代社会への警鐘です。

従来の仕事というのは「約3割が余計な作業だ」というのが私の実感です。役所も企業もそれはほとんど変わらず、冷静に考えればもっともっと削減できる。私も証券会社で働いている当時、「なんでこんなに無駄な仕事が多いのか」と疑問を感じていましたが、のちに内閣府の職務に就いて、その謎が解けました。霞が関に出向している民間会社の人は将来を嘱望された人ですから、会社に戻れば出世し、部下に〝霞が関方式〟を押し付けます。これは、官庁のエリートが米国の有名大学に留学してアメリカが好きになって帰国するのと同じ構造です。

国会答弁資料をつくるために、若い人材がほとんど徹夜で資料作成に打ち込んでいる姿は、ちょっと異様でしたね。例えば、細かな数字の部分的な修正作業に大量の人材が割かれている。仕事の本質とは異なる面に、かなりのコストがかけられていました。**各省庁がそんな現行システムをガラリと変えれば、民間も少しは変わる**のではないでしょうか。

古川　確かに、今の霞が関の仕事のやり方を続けていては、優秀な若手人材からどんどん辞めていってしまうでしょうね。霞が関の仕事のやり方を変えるのは急務で、私たち政治家の行動も改めなければなりません。そして霞が関が率先垂範して、新しい仕事のやり方を実行に移していく必要がありますね。

民主主義における平等性

古川　コロナ禍以降、若者の新たな潮流で私が好ましく感じているのは、〈兼ねる〉という意識です。前章では「シェアリングエコノミー」を見てきましたね。一つのものを一人が独占するのではなく、何人かでシェアする経済です。それと同時に今、人生を複数の拠点で同時並行的に営むことを実践し始めている若者が出てきています。

都心と地方に住居を構える二拠点生活、「デュアルライフ」や「マルチハビテーション」、終身雇用制度とは真逆の、生涯をいくつかの段階を分けて仕事や生活を変化させていく「マルチステージ」、同時に二つの職種を兼業する「デュアルワーク」などが、代表的なものです。

もっとも、こういった言葉は一見新しいように感じますが、その中身は昔から存在していたものです。一つの仕事に就いて定年まで勤めあげるという発想は、戦後に定着したものです。それ以前、例えば江戸時代の頃には、多くの人が副業のようなものを持っていました。武士でありながら内職をしたり、商売をしながら畑作業をしたり。もちろん、必ずしも仕事でなくてもよくて、趣味でも余暇でもいいのですが、一本足打法の生き方よりもマルチな生き方のほうが、人生はより豊かなものになるのではないかと感じています。

メリットはいくつもあるはずです。例えばデスクワークの人が趣味で農業を始めれば、体力づくりになります。太陽のもとで心身も健康になる。一つの仕事が経済的に行き詰まっても、もう一つ仕事があると思えば、気も楽になりますよね。

明治以降、私たちの生活は分業化によって効率化されてきましたが、**兼業という生き方は案外面白く、また〈レジリエント〉な人生を送るのにも適している**のではないでしょうか。

水野　それはいいですね。ただし、問題もあります。会社側が人件費削減のためにそれを利用しないように、明確な仕組みをつくっておくべきです。そうしないと、会社の都合で「賃金カット」と「時短」がセットで導入されかねません。労働の多様化という名目で認めた派遣労働が、結局はリストラの手段となってしまったのが教訓です。

ただ、コロナ以降、そういう生き方を実際に始めている人の話もいくつか聞きました。

東京だとさすがに土地の問題で気軽にできませんが、郊外や地方に行けば、わりと本格的な家庭農園を始めたという人にもよく出会います。

前述の鈴木忠志さんも、かなり本格的に農業をされていて、劇団員の食事はそこの野菜を使っているとおっしゃっていました。

古川　鈴木さんの本拠地は、富山県の利賀村（現・南砺市）ですよね。私も一度訪れましたが、本当に山の奥深いところにある、普段は住民の数も少ない過疎地域です。ですが夏の演劇シーズンになれば、国内外からびっくりするほど多くの観客がこの地を訪れる。そんな稀有な芸術活動を続けておられますが、それと農業。さらに面白いですね。人生の多様性、さらに利賀村にとっても、新たな可能性が見いだされたことになります。地方の過疎地、それも高齢者が多い土地では、農地が耕されず放置されているところも多いですから。

水野　地方ならではですよね。地元の方々が、使っていない土地をかなり寄付してくださったと聞きました。「ぺんぺん草を生やしているだけではもったいないから」と。

劇団員たちも、東京では決してできない農作業に従事できる。彼らは農業班をつくり、演劇の仕事以外にも日々せっせと農業に勤しんでいるそうで、20年の夏に訪れた際には、私もナスを頂きました。スーパーで売っているナスよりも、ずっと大きくて立派なんです。

古川　お米なんかも作っているんですか。

水野　それはまだ難しいので、現時点では野菜中心のようです。

古川　それもまたリアルでいいですね（笑）。

水野　考えてみれば、文化（culture）の語源は、「耕す」から来ています。**精神を耕すのと、土地を耕すことは、本来同じ行為**だったんですよね。鈴木さんたちの行動は突飛なように見えて、実は原点回帰だといえますね。

古川　劇作家の平田オリザさんも、兵庫県豊岡市に劇団ごと移住しました。コロナ禍が起きる以前から、地方での可能性を求められていたようです。

水野　そのような動きは、世代を超えていっそう広がるのではないでしょうか。

古川　これまで文化芸術を志す若者は、都会でアルバイトをしながらという人が多かったようですが、田舎で自給自足的に自分たちの衣食住を最低限まかないながら、文化・芸術活動に勤しめば、だいぶ状況は変わってきますよね。毎日の暮らしを工夫しながら自分に合った〈幸せ〉を志す若者が増えていることは、とても頼もしいことです。

水野　その一方で、**まっとうな民主主義国家を目指すのであれば、やはり世の中の平等性を確保する必要**があります。

古川　２０２０年のアメリカ大統領選挙ではトランプ氏の脱税騒ぎがありましたよね。自他ともに認める〝大富豪〟トランプ氏が、大統領就任前の18年間のうち、なんと11年間も税金を納めていなかったことが判明しました。２０１６年と17年の納税額も、わずか７５０ドル。日本円にすればわずか８万円程度です。並の一般庶民よりも少ない額に非難が殺到しました。

水野　トマ・ピケティの共同研究者、エマニュエル・サエズによる『つくられた格差――不公平税制が生んだ所得の不平等』（ガブリエル・ズックマンとの共著／光文社）の冒頭に、まさしくこの話題が登場しています。

２０１６年のアメリカ大統領選挙の際、民主党のヒラリー・クリントン氏は、トランプ氏に向かって「税金を払っていない」と非難しましたが、それに対する彼の反論は唖然とするものでした。「俺は賢いからだ」という自信たっぷりの応えに、クリントン氏は二の句が継げなかったそうです。トランプ氏の言い分はこうです。

「あなたが上院議員に就いている間に整えてきた税制を、俺は利用しただけだ」

つまり、彼は税金を払わなかったわけではなく、払ったけれどもその大部分が還付されているんです。18年間で9500万ドル納めた税金のうち、7290万ドルが還付金として戻ってきている。なぜなら、彼の事業の多くが巨額の赤字を出しているからです。

つまり、事業で成功すれば資産を蓄積できるし、仮に失敗して赤字続きになっても、その場合は税金を支払わなくてもいいという仕組みになっている。

でも、それはトランプ氏オリジナルのマジックではなく、ヒラリー・クリントン氏が上院議員だった時代、あるいはバイデン氏がオバマ政権下で副大統領を務めている期間も含めて何十年間と整えられてきた、〝金持ち優遇策〟なのです。

古川　そうですね。違法な「脱税」ではなく、合法的な「節税」なわけですからね。

水野　ええ。これを聞いて思い出したのが、ヨーロッパのローマ・カトリック教会が発行していた贖宥状《しょくゆうじょう》のことです。イエス・キリストが清貧の人だったのに反し、権力を握ったローマ・カトリック教会は従来の寄進に満足せず、ついに天国に行くための定価表を発表して贖宥状の販売を始めました。「○○の罪を犯した人は、いくら支払えば天国に行けます」「○○の罪の場合は、いくらです」というように。

それに対して、ドイツの宗教改革家マルティン・ルターは、「九五箇条の提題」（1517年）を教会の門扉に張り出し、鋭く批判しました。

「お金が箱の中に投げ入れられ、そのお金がチャリンと音を立てるや否や、魂が飛び立つ〔とともに煉獄を去る〕と教える人たちは、〔神の教えではなく〕人間的な教えを宣べ伝えている」（命題27「九五箇条の提題」『宗教改革三大文書　付「九五箇条の課題」』深井智朗訳／講談社学術文庫）

金持ちはよりスムーズに天国に行けて、貧乏人はなけなしの金を支払わなければ天国に行かれない。そんな仕組みを堂々と発表する教会に批判が集まりました。

1517年10月31日、教会の贖宥状販売に書簡「95箇条の提題」で疑義を呈したマルティン・ルター（1483〜1546）。そこからキリスト教世界における宗教改革が始まる。

トランプ氏の一件を見ても、現代でも同じことが再現されているのに驚きます。しかも、教会ならぬ資本家たちの安泰は、国から守られているのです。

古川　むしろ仕組みはより洗練され、庶民からは分かりにくい構造になっているのですね。

水野　２０１５年には「パナマ文書」の存在も明らかになりましたね。世界中の政治家や資産家などの超富裕層が、税金逃れのカラクリを利用していた。「タックス・ヘイヴン（租税回避地）」を利用して、税金を納めるべき自国には納めず、自らの資産を国外にうまく逃れさせていました。

つくづく〝うまみ〟は富裕層ばかりにもたらされる仕組みになっている。なぜなら私たち一般庶民が少し余分にお金を稼いだとしても、会計事務所で「パナマで節税してください」なんて頼めませんからね。

古川　超富裕層は専属の資産マネジメントのプロを雇っていますから。

水野　今は亡き弁護士の志賀櫻《さくら》さんも、そのことを再三おっしゃっていました。『タックス・ヘイブン――逃げていく税金』（岩波新書）なども執筆されています。年収が１億円の段階では税率が28％なのに、そこを超えて１００億円に近づくと20％に下がるという、不思議な制度を批判されています。

古川　そうでした。年収が1億円を超える人々は、その収入の多くを給与所得ではなく、株の配当金や譲渡益で得ています。彼らは明日の食べるものに困っている人々ではありません。積極的に税金を納められる力と義務が十分あるのに、と思ってしまいます。

水野　「税金を無制限に上げろ」とは言いませんが、せめて28％で横ばいにはするべきです。

古川　現在の分離課税も見直す必要があります。現行は株式の譲渡益や配当金などは分離課税として、給与所得などより、所得税の税率が低く設定されています。それを他の所得と合算して、総合課税にすべきです。

もともと欧米の分離課税方式に見習ったわけですが、冷静に考えれば、**汗水たらして働いて得た所得よりも何もせずに入ってくる株の配当や譲渡益のほうが税金が安い、というのはおかしな話**です。

水野　先ほど話した、天国に行くための定価表のようなものですね。金持ちと庶民では、待遇がはなから違うのですから。

古川　これまでも是正すべしという声はありましたが、「それをすると、富裕層がみな日本から逃げていってしまう」という反論が常にあります。

水野　しかし今、**日本に限らず世界中で、貧富の格差や行き過ぎた資本主義を批判する声**があがっています。現在主流の分離課税が世界的に見直され、総合課税に向かっていくことを望みます。

極論すれば、富裕層が逃げていくという意見に対しては、「どうぞ」と言えばいい。富裕層を大事にするよりは、「不正は不正だ」と言える世の中にするほうが、いい社会だと思います。

「定常社会」の〈幸せ〉を見つめ直す

古川　本書ではここまで、さまざまなテーマを話し合いました。改めて今、私たちは、日本社会の分岐点に立っていると思えてなりません。世界に先駆けて人口減少・超高齢社会に突入し、莫大な国家の借金を抱え、そこにこのコロナ禍で、日本社会の先行きはますます不透明になっています。

これまではこうした〝不都合な真実〟に私たちの社会は直面しているにもかかわらず、それに正面から向き合うことをせずに、わざと目をそらしたり、考えることを先送りにしたりしてここまで来てしまいましたが、もうこれ以上、目をそむけたり、先送りをすることはできません。それに今ならばまだ軌道修正は可能だと思います。

水野　一番大切なのは、中長期的な視点ですね。短期的には新型コロナで経済的困難に直面する人々を救う策を打ち出しながら、長期的な10年後、20年後、50年後のビジョンが欠かせません。「今こんなにひどい状況」という分析も大事ですが、「国民全員が幸せになる社会をどうすれば実現できるか」「理想的な日本はどのようなものか」というビジョンを国全体で共有する必要があります。

古川　国の理想といえば、一時期ブータンが〈幸福〉の観点から話題になりました。「国内総生産」GDPならぬ、「国民総幸福量」GNH（Gross National Happiness）を公式に取り入れて、2年ごとに調査を行っています。

〈幸福〉を測る指針は全部で九つ。〈心理的幸福〉〈健康〉〈文化〉〈教育〉〈環境〉〈コミュニティ〉〈統治〉〈生活水準〉〈自由な時間の使い方〉です。

水野　そうでしたね。本来〈幸福〉とは極めて個人的、かつ主観的なものですが、ここで挙げられているのはいずれも、人生を送る上で必要最低限の条件ともいえます。
ただ、主観的な指標を集めて「国民総幸福量」GNHとして数量化して国際比較するとなると、西欧の13世紀以来の「数量化」重視思想に取り込まれて、数値を上げてより上位になることが目標となって、無用な競争が始まるのではないかと懸念します。
古川　その点は十分注意していきたいですね。その上で水野さん、この9項目を日本に当てはめてみたんですよ。すると、日本の〝豊かさの現実〟が改めて見えてきたのです。
日本は一見豊かな国のようですが、貧困から〈健康〉を損ね、〈文化〉的なものに接することができず、わが子に適切な〈教育〉を受けさせられない〈環境〉で生きている人もいます。地域の〈コミュニティ〉に参加できず、一定の〈生活水準〉に達することができない人、お金や仕事があっても〈自由な時間の使い方〉をできない人も大勢います。こうしてみると、決して国全体として「豊かな国」とはいえません。
水野　残念ながら、現時点ではそうですね。特に、〈教育〉は深刻だと思います。学力テストの点数とその子どもの家庭が就学援助を受けている割合（親の所得を表す代替指標）が、反比例しています。生まれた家庭によって、その後の人生が大方決まってしまうというのでは、日本はフランス革命以前の社会なのではないでしょうか。

ちなみに〈幸福〉を測るという意図では、国連が毎年行う「世界幸福度ランキング」もありますね。この数字もあまり意味がないと思いますが、いちおう見てみましょう。

2020年度のランキングでは、フィンランド、デンマーク、アイスランド、ノルウェーなどの北欧国家が軒並み上位に入りました。一方日本は、韓国やジャマイカより下、かろうじてホンジュラスやカザフスタン、ボリビアよりは上の58位です。

その中で健闘しているのが、8位のニュージーランドです。ニュージーランドは、2019年5月に、世界でも極めて異例な「幸福予算」を政府として発表しました。「ウェルビーイング・バジェット（幸福予算）」という名称で、コロナ対策で実力を発揮したジャシンダ・アーダーン首相が、19年1月のダボス会議で宣言してからの動きです。

ニュージーランドは、自然豊かでのんびりした国というイメージがありますが、実はうつ病や若者の自殺率は上昇しているそうです。今回組まれた予算では、国民のメンタルヘルスケア支援やホームレス支援、家庭内DVや子どもへの虐待防止支援、また先住民族の生活環境向上支援など、多方面に及んでいるようです。

古川　「弱者に対して優しい政策」などという抽象的なモットーを掲げるより、よほど本気度がうかがえますね。〈幸せ〉を感じるツボは人それぞれだとしても、やはり国全体として〈幸せ〉の最低ラインというのはあると思います。

翻って日本では、新政権発足直後に菅首相が「自助・共助・公助」をモットーに掲げ、その中でもまずは「自助」の重要性を強調したことが物議をかもしました。

水野　これなどは、ジャン＝ジャック・ルソーの「社会契約論」を真っ向から放棄すると宣言したようなものだと、私などは感じます。

ルソーは国家が正当とされるには、その構成員たる国民が身体的、経済的に保護されていることが最低限の条件だとしていますが、日本はその最低条件さえ危うい。

日本では働いて税金を納めかつ、消費するときにも消費税を払いながらも、いざとなったら職を奪われ住居も持てずに路上生活者となり、三食まともに食べられない人々が大勢います。国家の正当性はいったいどこにあるでしょう。にもかかわらず、追いうちをかけるように、「自助」を真っ先に掲げている。現状について、国家が社会の仕組みを「改善すべきもの」と捉えていない証拠です。その代わりに政府は、経済構造の改革には非常に熱心です。

古川　**私たち人間が安心して暮らせる最低限の条件は、〈衣・食・住〉に不安がない**ことです。金持ちがいてもいい、裕福でない人がいてもいい。それこそが資本主義の世界ですから。しかし、どんなに「裕福ではない」人でも、最低限の〈衣・食・住〉は国が保障するようにしなくてはなりません。それが憲法二十五条で掲げる生存権を保障することだと思います。

今の日本には、みながその気になってお互いに助け合い、支え合えば、十分にそれを実現できる環境が整っています。にもかかわらずそれができていないというのは、これまで話してきたように、現在の資本主義や民主主義のあり方に問題があるからだと思います。資本主義も民主主義も元々は私たち人間が幸せになるための手段だったはず。それが逆に不幸な人を生み出しているというのは、やはりどこかおかしいのだと思います。

水野　基本に立ち返るということですね。ここまでいろいろ小難しい話もしましたが、目指すところはこのような基本中の基本です。決して実現が難しい話ではありません。

古今東西、あらゆる経済学者や哲学者、倫理学者や社会革命家たちもいわば同じことを目指してきました。

18世紀のアダム・スミスは、『国富論』（1776年）に先立ち『道徳感情論』（1759年）を記しました。そこでは、社会秩序の要因として、人々の〈共感（シンパシー）〉を掲げました。19世紀のカール・マルクスは、私有財産を増やす資本家たちを非難し、あらゆるものを国有化する平等社会を実現しようとしました。そして20世紀にはジョン・メイナード・ケインズが、過剰な貨幣愛を追求する人の行き着く先は二つだと述べました。精神科病院か、刑務所か。

いずれにせよ、人間が健全に生きていくためには、協力や共感が欠かせません。

古川　地球温暖化問題と同じですよね。さまざまな問題は、ある段階を越えると、もはや後戻りができなくなってしまいます。資本主義や民主主義も、ここ30年間ほどで見えてきた矛盾や弊害が、コロナ禍で一気に可視化されました。これを禍ではなく転機や好機と捉えて私たちの考え方や行動を大きく変えていかなくては、前の世代から今の社会を引き継ぎ、それを次世代へ少しでもいい形で引き継いでいくという、今に生きる私たち世代の責任を果たすことができません。
そのためにまずは、私たち一人ひとりが「我々は成長し続けなければならない」という成長教から解き放たれるべきです。「成長こそが絶対善」という発想から、**「今の暮らしを今後とも持続させていくためにはどうしたらいいのか」という定常思考にシフトチェンジすべき**です。

水野　「定常」や「定常社会」という言葉は、肯定的に受け入れられにくい面があります。それは静的な言葉のイメージゆえかもしれません。「停滞」や「膠着《こうちゃく》」といったネガティブな響きを感じてしまうのかもしれません。

古川　それも発想の転換で変えられると思います。「定常」という言葉を、**「今日の暮らしが明日も、十年後も、孫子の代までも続く」と考えれば、とても幸せなこと**ではないでしょうか。

災害やテロ、今回のコロナ禍もそうですが、日常に突如として降りかかる災難は、「何気ない当たり前の生活」の尊さを率直に教えてくれます。そしてそれがいかに脆い、壊れやすいかについても。なんの変哲もない普通の日々の日常生活を、いつまでも変わらずっと続けることができる社会、それが「定常社会」ではないでしょうか。

水野　本当にそうだと思います。失って初めてその大切さが分かるのです。

私たち世代ももちろん努力してマインドを変えていく必要がありますが、若い人たちに私はとても期待しています。

産業革命時に発明された蒸気機関以上に重要な発明だといわれているものに、機械式時計があります。この時期にヨーロッパで「数量化革命」が起き、あらゆるものが数量化されていくようになりました。利潤の計算で不正が行われないように、しかも1円も無駄にしないようにと、複式簿記が普及しました。都市に労働者を集め、一か所で大量に働かせる。そのためには〈時間〉で人々を管理する必要がありました。まさに「時は金なり」の社会です。

ドイツの作家ミヒャエル・エンデの『モモ』（岩波少年文庫）が予言したように、近代社会で失われたものの一つに、〈時間〉があるのは間違いありません。その喪失感は、21世紀においても止められません。アルバイトは「一時間当たりいくら」で人間のなま身を売り渡し、契約社員、派遣社員もそれは同様です。正式雇用のオフィスワーカーでさえ、ほぼ同じです。このような〈時間〉で測るシステムを変えるということで、新たに「裁量労働制」が試みられていますが、これも成果主義とセットで導入されれば労働強化となり、先ほどの〈自由な時間の使い方〉が不可能になってしまいます。

ところが、最近の学生たちを見ていると、そんな私たち世代とは明らかに異なる〈時間〉感覚を持っているように思えます。象徴的なのは、かつては渋谷のハチ公前には待ち合わせをする若者たちがあふれていたものですが、最近では違いますよね。

古川　ええ、確かに。誰もが携帯電話を持つようになり、「待ち合わせ時間」も、友人同士の間では死語になりつつありますね。大体の時間と場所は約束しても、あとは随時LINE〈ライン〉などで連絡を取り合う、ゆるい時間感覚が主流になった気がします。

水野　そうですよね。学生たちを見ていても、「時間にしっかりしていること」「パンクチュアルであること」の価値は、かつてより薄れてきていると思います。待ち合わせ場所に遅れてくることも許容範囲内だし、ふらりと途中で誰かが帰ってしまっても大丈夫。

そういうのを見ると、〈時間〉に縛られることから解放されている、新たな人種を見る気がします。私たちよりも時代の一歩先を歩いているのではないか、と。

古川　なるほど、確かにそうですね。今の若い世代が管理職になる頃には、そもそも、「勤務時間」や「勤務場所」なども死語になっている可能性もありますね。本当の意味でのフレキシブルな働き方改革が、誰からの指図もなく静かに進みつつあるのかもしれません。

若者の間では、「大企業志向」も薄れつつあります。大企業で働いていても「同じ会社で定年まで勤めあげること」がもはや前提ではなくなりつつある。大企業に勤めるのも自分の経験のため。「寄らば大樹の陰」というような発想をしない若者が増えています。また「自分で起業したい」という若い人々も増えていて、こういう若者に出会うと「日本もまだまだ捨てたもんじゃない」と本当に嬉しくなりますね。

水野　働き方や生き方に、**「生産性」や「効率性」といった数字の成長とはまったく違う価値観を見いだせれば、自ずから社会全体も変わっていく**ことでしょう。

古川　スウェーデンの若き環境活動家、グレタ・トゥーンベリさんをはじめ、若い人たちの可能性や価値観に未来の希望を重ねながら、豊かな「定常社会」の実現に努めていきたいものです。

おわりに——正義とはすべての人の救済である

水野和夫

「正義がなければ、王国も盗賊団と異なるところはない」

これは、アウグスティヌス（354～430年）が426年に著した『神の国』（第4巻第4章）で、アレキサンダー大王に捕まった海賊が堂々と自らの行為を「陛下が全世界を荒らすのと同じです。ただ、わたしは小さい舟でするので盗賊と呼ばれ、陛下は大艦隊でなさるので、皇帝と呼ばれるだけです」と述べたことに対するアウグスティヌスの回答である。『神の国』を著す直前、410年に西ゴート族によるローマ劫掠《ごうりゃく》事件があり、476年の西ローマ帝国崩壊の一因となった。ローマの危機はキリスト教のせいだとの批判に反論するために書かれたのが『神の国』である。「歴史の危機」において最も大事なのは正義だとアウグスティヌスは主張している。

アレキサンダー大王に捕まった海賊の返答にいまだ人類は反論できない。21世紀のアレキサンダー大王は2189人のビリオネアであり、サハラ砂漠以南に住み1日1・9ドル以下で生活する4・3億人にこう問われたら何と答えるだろうか。「あなたたちビリオネアは資本市場にアクセスし、リストラする権限を行使できるので成功者といわれているが、私たちはそれができないので『努力が足りない』といわれているだけです」。いまだに人類はアウグスティヌスの教訓を無視している。

正義が退くと、歴史の危機が顔を出す

千年後に再び歴史の危機が起きた。「長い16世紀」（1450〜1650年）のちょうど真ん中の1527年にローマ劫掠が再び起きた。1529年、スペイン皇帝カール五世（在位1516〜1556年）の宮廷の説教師だったアントニオ・デ・ゲヴァーラが著した『マルクス・アウレリウスの座右の書』に次のような逸話が紹介されている。

「ドナウ川流域地方のミレーノという農民が、マルクス・アウレリウスやローマの元老院議員を前にして行ったとされている演説」（カルロ・ギンズブルグ著『ピノッキオの眼』竹山

博英訳／せりか書房／23ページ）において、「ローマ人は、平和な人々をかき乱し、他人の汗を奪う以外に、他人に何も期待しないからだ」（前掲書24ページ）。すなわち、「帝国とは盗み以外の何ものでもない」（前掲書28ページ）というのがミレーノの結論だった。カール五世のローマ劫掠は「盗み以外のなにものでもない」ということを側近が諫言《かんげん》したのだった。

カール五世の時代は、神学の時代から科学の時代への大転換期だった。神を信じる時代から科学と技術を信じる時代、すなわち近代への移行期だった。近代は数字を信じる時代である。その代表が利益であり、その蓄積である資本が神にとって代わった。しかし、5世紀が経って20世紀末になると資本が嘘をつくようになった。だから危機が起き、秩序が乱れる。「市場の神様」グリーンスパンは嘘をついた。彼はＦＲＢ議長の時代に、「ほとんど疑いないのは、多少の問題があろうとも、グローバル金融の並はずれた変化が世界の経済構造と生活水準を格段に進歩させることに寄与してきたということである」（マンフレッド・Ｂ・スティーガー著『グローバリゼーション』櫻井公人ほか訳／岩波書店／１２５ページ）。

そうであるならば、２０１６年にトランプの勝利はありえなかった。しかし、中産階級の崩壊が米国でトランプを大統領の座につかせ、そのトランプは2020年の大統領選挙で根拠を示さないで投票に不正があると言い張り、敗北を認めない。米国大統領が民主主義の根幹である票が「盗まれた」と、嘘をいう。日本では資本主義の総本山である経団連は付加価値が上がらないから賃上げはできないと連合にいって賃下げを実施したが、付加価値が増加しても賃下げをなおも継続している。人々は、明日の、あるいは来年の生活を良くしてくれるのが利益だと信じたからこそ消費を抑制し、その分を貯蓄し資本の増加を認めたのである。その資本が嘘をついたことになる。

世の中の中心概念が一旦嘘をつくと、システムは修復不可能となり瓦解する。神、資本を人々が世の中の仕組みの中心であると認めたのは、そこに正義があると信じたからである。中心が正義を実現できなくなったら、人々の社会に対する信頼がなくなり、社会秩序が崩壊する。正義とはすべての人の救済である。「Save」は貯蓄であり、備えることであるので、救済の意味を持つ。経済学は誕生の経緯からして人類救済の学問である。経済成長によってすべての怪我を治す時代であった近代は20世紀になって成長理論が開花したが、21世紀は「正義の政治経済学」が必要となる。

いかにして転落した弱い人間を助け起こし、支え導くか

近代が始まって1世紀経った1744年、ジャンバッティスタ・ヴィーコ（1668〜1744年）が『新しい学』でコペルニクス的思考を世に問うた。「哲学は、人類に役立つためには、転落した弱い人間を助け起こし、支え導いてやるべきであって、その自然本性をねじ曲げたり、堕落した状態のまま見捨てておくようなことをしてはならない」（上村忠男訳／中公文庫／上巻162ページ）のであり、「人間の情念には節制をほどこしてそれから人間的な徳力を作り出していくべき」（前掲書同ページ）ことは公理だと主張した。「私的利益にしがみついていて、そのままでは孤立状態のなかで野獣同然に生きていただろうとおもわれる人間たちの情念から、かれらが人間的な社会的関係を結んで生きていけるような国家的秩序を作りだ」（前掲書164ページ）そうと試みてきた。

3世紀経った21世紀の新自由主義の時代になって、「努力したものが報われる」社会を目指した。そして「自助」を最優先する菅内閣が2020年9月に誕生し、経済最優先主義で医療従事者や飲食業に従事する人、そして文化・芸術関係者などに特段の我慢を強い

るが、自らは「努力して成功した」ので特別であるとの意識があるようだ。国民に「ＧｏＴｏトラベル」の全国一斉停止を発表した12月14日当日の夜、菅義偉総理は高級ステーキハウスで食事会をするのはそのあらわれである。

実はそれだけにとどまらない。総裁選に何度も立候補している石破茂元自民党幹事長は年明け、高級フグ料理に舌鼓を打つ。ふたりは会食を断れなかったと弁明するが、意志薄弱であることを世間に曝しただけである。ヴィーコのいう「転落した弱い人間を助け起こし、支え導いてやる」（前掲書１６２ページ）という姿勢は微塵も感じられない。セルバンテス（１５４７～１６１６年）がサンチョ・パンサに皮肉をこめて「警鐘を鳴らす奴はいつも安全なところにいる」と言わせているが、それをそのまま日本の権力者は地でいっている。21世紀になって国民に我慢を強いる日本の権力者の意識は「長い16世紀」と変わらないことが明らかとなった。

『神の国』『ドン・キホーテ』『新しい学』はいずれも危機の時代に書かれた「古典」であって、今でも多くの人に読み継がれている。古典とは古い時代の書ではなく、精神的危機に墜ちたときに勇気を与えてくれる書籍、演劇、音楽、絵画などの芸術をいう。はからずも「古典」を読まないままに権力の座についた政治家は、現在の危機に立ち向かおうとすると、ピント外れの発言をする。「緊急事態宣言」を発するにあたって「私からの挨拶とさせていただきたい」と締めくくり、まるでパーティの主賓の挨拶だと批判される。ドイツの首相メルケルのように国民に勇気を奮い立たせる言葉を発せられない。だから「次の日程」があるとの理由で記者の発言を遮って、記者会見場をそそくさと退出する。「権力闘争を生き抜く実践知」はあっても、リベラルアーツの本来の目的である「自由を生き抜く実践知」がまるでない。

「明日のことなど心配しない社会」の実現へ

J・M・ケインズ（1883〜1946年）は「わが孫たちの経済的可能性」（1930年『ケインズ全集』9巻／東洋経済新報社）で「少なくとも一〇〇年間、自分自身に対しても、どの人に対しても、公平なものは不正であり、不正なものは公平であると偽らなければならない。なぜならば、不正なものは有用であり、公平なものは有用でないからである」（399ページ）と述べている。これまで資本蓄積がたとえ不正におこなわれたとしても、資本が国民の生活水準の向上に資するのであれば大目に見ようということである。しかし、ゼロ金利になったら資本の蓄積はもはや必要ないので、「不正は不正だ」としなければならない。だから、ゼロ金利になっても財産としての貨幣愛を止められない人は「不正」行為となるので刑務所か病院に入院しろという。

ケインズのいう「公平なものは不正であり、不正なものは公平である」は「きれいは穢《きたな》い、穢いはきれい」と同じ表現（fair is foul, and foul is fair）である。マクベスの時代設定が11世紀であることを考えると、ヨーロッパがイスラム社会から「野蛮人」と下に見られていた「暗黒の中世」から脱して、自信を持ち始めたときである。その11世紀から21世紀にいたるまで、西欧文明社会は「偽りの時代」だったことになる。ゼロ金利はようやく「偽りの時代」を止める条件が整ったことを意味する。

本来、ゼロ金利とはケインズがいうように、望ましい社会である。必要な資本が充分にそろっているので、人々が必要とする財・サービスはいつでもどこにいても入手できるからである。百年後の２０３０年にケインズはこの偽りに終止符を打てると期待していた。「重大な戦争と顕著な人口の増大がないものと仮定すれば、経済問題は、一〇〇年以内に解決されるか、あるいは少なくとも解決のめどがつくであろうということである」（前掲書393ページ）。

しかし、同時にケインズは心配もしていた。人間は「真に恒久的な問題」に取り組むよりも「われわれはあまりに長いこと楽しむようにではなく、懸命に努力するように訓練されてきている」（前掲書396ページ）からだ。「人間は真に恒久的な問題――経済上の切迫した心配からの解放をいかに利用するのか、科学と指数的成長によって獲得される余暇を賢明で快適で裕福な生活のためにどのように使えばよいのか、という問題に直面するであろう」（前掲書395ページ）。ゼロ金利の国は新型コロナ危機を乗り超えた先には、ケインズ（1930）のいう「明日のことなど少しも気にかけないような」（前掲書399ページ）社会を構築できるのである。

「すべての人間を導く主である」私的な利益を増やす時代においては「より速く、より遠く、より合理的」な行動が必要不可欠だった。しかし、過剰な資本を積み上げた21世紀の先進国においては、こうした行動はロビイストの横行や行き過ぎた節税など「不正」を招き、格差を広げ社会を分断させるだけだ。「よりゆっくり、より近く、より寛容に」がポストコロナ社会の行動原理となるであろう。それがケインズのいう「明日のことなど心配しない社会」を構築することにつながるのである。

「世界は日本だけではない、日本は東京だけではない」

「不正は不正」であるというには勇気がいる。その勇気を奮い立たせてくれるのが「古典」のなかの舞台芸術である。「世界は日本だけではない、日本は東京だけではない、この利賀村で世界に出会う」を掲げて鈴木忠志は「芸術の聖地」利賀村を拠点に世界を舞台に活躍する。その彼が演出する『世界の果てからこんにちは』『世界の果てからこんにちはⅡ』『ニッポンジン』『リア王』『サド侯爵夫人』『トロイアの女』などを何度も観ると、理解できなくても不思議と勇気が湧いてくる。そしてもう一度観たくなる。

毎年夏の利賀芸術公園で開催される「SCOT Summer Season」の上演演目に、『世界の果てからこんにちは』がある。舞台は老人ホームである。車椅子にのった戦前からの入居者たちはサミュエル・ベケット（1906〜1989年）作『カスカンド』の科白《せりふ》を使い「歴史にもおさらば」「記憶にもおさらば」と院長に向かって何度も叫び、待遇改善を要求する。院長は老人ホーム経営に熱心で、戦後は米国人顔負けの合理主義者に変身する。一方、精神を病んでいる入居者たちは知的レベルが非常に高いが、栄養失調気味で干からびたニッポンジンに見える。不平等な日米関係を見直そう、あるいは強欲な資本主義からおさらばしようと要求しているようにも解釈できる。しかし、車椅子の男たちは「だが終わってみると、そいつもよくない」という。

劇の終わりに近づくと、『マクベス』の舞台になって、院長の娘から「日本が、父ちゃん、お亡くなりに」と聞かされた院長は、「日本もいつかは死なねばならなかった。このような知らせを一度は聞くだろうと思っていた」とつぶやく。こうつぶやいたのは、「現在の我々には日本という言葉から感じる共有のアイデンティティーはないのだということになるが、それは第二次大戦を挟んだ日本という国の在り方、その断絶と継続の局面をどう把握するかという努力を意識的にあいまいにしてきた国家的怠慢に起因している」（鈴木忠志『世界の果てからこんにちは』演出ノート「日本という幻想」）からだ。

『果てこんＪの初演は1991年である。20年経った今でも、鈴木忠志の問題提起に日本人は応えていない。あるいは考えようともしない。だから、『果てこん』は毎年観るたびにリアリティが高まってくる。鈴木忠志の演出の基本コンセプトは「世界は病院である」。舞台に登場する役者はどこか狂っている人物として設定され、舞台は病院となっている。しかし、舞台上では役者は自分に正直に生きようと必死に努力する。何度も観ているうちに、こちらが病気ではないかと思えてくる。

現実の世界が狂っていて、正直に生きようとする人たちに対しては精神に異常をきたしていると決めつけて排除しようとする。それが現実の世界だ、どうしてそれに気づかないのかと役者は必死に観客に訴えている。世界の果ての極東にある日本の、そしてその中心の東京からみれば果てである利賀村から世界に向かって「正直に生き、不正は不正である」といえる社会を作ろうと訴えている。それに応えることがゼロ金利にすでに到達した日本のポストコロナ後の課題といえよう。

鈴木忠志は演出ノート『リア王』で指摘する。「世界あるいは地球全体が病院である以上、快癒の希望はないかもしれない。しかし、いったい人間はどういう精神上の病気にかかっているのかを解明することは、それが努力として虚しいことになるとしても、やはり現代を芸術家（創造者）として生きる人間に課せられた責務だと信じている」。経済学者も芸術家に近づかないと、社会がどういう病気にかかっているか解明できないのである。

二〇二一年一月

鈴木忠志構成・演出作品『世界の果てからこんにちは』より（SCOT提供）

構成　三浦愛美
写真　篠田英美（著者）
　　　朝日新聞社（特記以外）
図版作成　谷口正孝
編集　大場葉子

水野和夫 みずの・かずお
1953年、愛知県生まれ。法政大学教授、博士（経済学）。77年、早稲田大学政治経済学部卒業。埼玉大学大学院経済科学研究科博士課程終了。三菱UFJ証券チーフエコノミスト、内閣官房内閣審議官などを経て現職。著書に、『資本主義の終焉と歴史の危機』『閉じてゆく帝国と逆説の21世紀経済』（共に集英社新書）など多数。

古川元久 ふるかわ・もとひさ
1965年、愛知県生まれ。88年、東京大学法学部卒業後、大蔵省（現・財務省）入省。米国コロンビア大学大学院留学。94年、大蔵省退官。96年、衆議院議員選挙初当選。以降８期連続当選（愛知二区）。内閣官房副長官、国家戦略担当大臣、経済財政政策担当大臣、科学技術政策担当大臣、宇宙政策担当大臣などを歴任。著書に、『はじめの一歩』（PHP研究所）、『財政破綻に備える』（ディスカヴァー携書）など多数。

朝日新書
809

正義《せいぎ》の政治経済学《せいじけいざいがく》

2021年３月30日第１刷発行

著　者　水野和夫
古川元久

発行者　三宮博信
カバーデザイン　アンスガー・フォルマー　田嶋佳子
印刷所　凸版印刷株式会社
発行所　朝日新聞出版
〒104-8011　東京都中央区築地5-3-2
電話　03-5541-8832（編集）
03-5540-7793（販売）

Published in Japan by Asahi Shimbun Publications Inc.
ISBN 978-4-02-295119-9
定価はカバーに表示してあります。

落丁・乱丁の場合は弊社業務部（電話03-5540-7800）へご連絡ください。
送料弊社負担にてお取り替えいたします。

京大式 へんな生き物の授業

神川龍馬

微生物の生存戦略は、かくもカオスだった！ 光合成をやめて寄生虫になった者、細胞から武器を発射する者……。ヘンなやつら、ズルいやつらのオンパレードだ。京大の新進気鋭の研究者が、偶然の進化に満ちたミクロの世界へご案内。ノープランとムダが生物にとっていかに大切かを説く。

正義の政治経済学

水野和夫
古川元久

コロナ禍から1年。いまこそ資本主義、民主主義の新世紀が始まる。コロナバブルはどうなる？ 定常社会の実現はどうなる？「正義がなければ、王国も盗賊団と変わらない」。アウグスティヌスの教訓と共に具体的なビジョンを掲げる経済学者と政治家の「脱・成長教」宣言！

あなたのウチの埋蔵金
リスクとストレスなく副収入を得る

荻原博子

家計の「埋蔵金」とは、転職や起業、しんどい副業、リスクの高い投資、つらい節約など「ストレスのかかること」を一切せずに、家計と生活の見直しで転がり込んでくるお金のこと。ノーリスクで毎月！ 年金がわりに！ 掘ってみませんか？ あなたの家計の10年安心を実現する一冊。